FUEGO AL MACHISMO MODERNO

M

Penguin
Random House
Grupo Editorial

Primera edición: febrero de 2025

Printed in Spain – Impreso en España

ISBN: 978-84-10298-73-6
Depósito legal: B-21.384-2024

Compuesto en Comptex&Ass., S. L.
Impreso en Gómez Aparicio, S. L.
Casarrubuelos (Madrid)

GT 9 8 7 3 6

JÚLIA SALANDER

PRÓLOGO DE HENAR ÁLVAREZ

FUEGO AL MACHISMO MODERNO

RESPUESTAS FEMINISTAS PARA FRENAR LA NUEVA OLA MISÓGINA

Montena

ÍNDICE

---

*Para las que se cuestionan todo, las que no se dan por vencidas,
las que quieren cambiar el mundo.
Ya no tenemos miedo porque sabemos que tenemos la razón*

Prólogo

Una de mis frases misóginas favoritas es la de «las feministas estáis siempre enfadadas». Y es mi favorita porque es verdad. ¡Si te parece no lo estamos! Nos habéis hecho creer que estamos gordas con una talla 38, que somos viejas a partir de los veinticinco, que maternar y cuidar es nuestro único objetivo vital o que para ser económicamente independientes debemos tener un marido rico. Soplapolleces que nos colocan como un simple elemento decorativo, un trofeo o servicio doméstico gratuito.

Además, cada año aumenta el número de asesinatos machistas y para colmo cada 31 de diciembre se empieza de nuevo. Las noticias sobre violaciones y agresores son insoportables. Pero resulta que no podemos estar enfadadas. Me fascina también que el cabreo se considere patrimonio masculino. Que no sea legítimo que alcemos la voz, porque, como todas sabemos, que una mujer grite queda feo. Nótese la ironía.

No sé a vosotras, pero a mí me encanta discutir. Es que me divierte muchísimo. Aunque me entristece la poca originalidad con la que nos sorprenden amigos y familiares en cumpleaños, Navidades y comuniones cuando se habla de ciertos temas. Me gustaría que me estimularan con nuevos giros o argumentos que no parezcan sacados de un pódcast de criptobros. ¡Joe!, es que sé que pueden hacerlo mejor y me da rabia que al final todo se reduzca a lo mismo: odiáis a los hombres, #notallmen y que no entienden lo de los pelos en los sobacos. Pues yo qué sé, José Luis, mírate el tema de los mamíferos del libro de *Conocimiento del Medio*. Es agotador.

Supongo que llevan grabado a fuego eso de que una mentira mil veces dicha es una verdad. Pero es que por más que lo repitas, el chocho no huele a pescado. Huele a chocho. Y no me puedes decir que el peor enemigo de una mujer es otra mujer porque nosotras no nos asesinamos ni nos violamos. Ya está bien de decir que somos malas malísimas por copiarnos el jersey rosa. No podemos poner a la misma altura a Jack el Destripador y a Jennifer López.

Amigas, Júlia nos ha hecho el trabajo sucio. Se ha metido de lleno en el sopor de lo previsible para ayudarnos a sobrellevar discusiones que deberían haberse quedado en los recreos de tercero de la ESO, pero que, para nuestra desgracia, nos acompañarán el resto de nuestra vida. Este libro es una buena herramienta para rebatir con datos y argumentos, para decirles de manera calmada y sosegada: «Amigo, date cuenta».

No soy yo la educadora de nadie. Creo que vivimos en la época de mayor acceso a la información de toda la historia de la humanidad y que quien quiere se informa y se revisa. Pero es verdad que hay relatos que ya generan ictus cerebral cada vez que los escuchamos. Por eso nos cuesta contestar con agilidad o nos quedamos con la boca abierta, pensando si por enésima vez nos acaban de repetir que las mujeres tenemos más mano para cuidar a los hijos o que es algo que llevamos en los genes porque ya era así en la Prehistoria, por poner un ejemplo. Por eso es tan valioso este libro que tienes entre las manos. Es importante tener las respuestas en la recámara para que salgan casi sin pensar cuando sea necesario. Tenemos que disparar veloces antes de que se unan el resto de las personas sentadas en la mesa a increparnos, tratando de que les expliquemos qué tiene de malo un piropo. Cada uno de estos capítulos representa un torniquete para cortar la hemorragia. ¡Buena suerte!

HENAR ÁLVAREZ

Introducción

Este libro nace de una pregunta que muchas mujeres me hacen a diario: **«¿Cómo respondo a esto?».** Esa frase puede venir de un comentario en una cena familiar, un mensaje en las redes sociales o una discusión en el trabajo. A veces, es tan evidente la misoginia que no deja dudas, pero otras, su sutileza lo hace parecer inocente o incluso lógico. Es en esa sutileza donde el machismo encuentra su fortaleza, camuflándose en el lenguaje cotidiano, en las bromas, en los mantras que repetimos sin cuestionarlos. Y otras veces nos chirría, en el fondo sabemos que está mal, pero nos cuesta encontrar palabras para desmontarlo.

Vivimos en un momento histórico en que los discursos machistas se están reorganizando y adaptando con una habilidad que no podemos subestimar. Los comentarios del «cuñado» de toda la vida siguen presentes, pero ahora conviven con el machismo más reaccionario y profesionalizado, amplificado por las redes sociales y respaldado por líderes que construyen narrativas peligrosas. Trump, Vox, Alvise, Milei, Meloni… El fenómeno no es local ni anecdótico, es estructural y está ganando terreno, sobre todo entre quienes creen que el feminismo ha llegado «demasiado lejos». Y, tías, el feminismo seguirá siendo necesario hasta que veamos cero feminicidios, cero violencia vicaria, cero agresiones sexuales. No existe un «demasiado lejos» en una lucha que pretende acabar con la violencia, porque nunca hay demasiada paz ni demasiada igualdad.

La herramienta del machismo para controlarnos es el miedo y la culpa: miedo a denunciar una agresión, a que no nos crean, a que nos acusen de denuncia falsa, a estar expuestas; pero también, a no denunciar, a tardar demasiado. Miedo a ir por la calle de noche, a viajar solas. Miedo a dejar una relación, a su reacción, a decir que no. Miedo a pedir ayuda, a necesitarla, a llamar las cosas por su nombre.

Miedo a envejecer, a las canas, a las arrugas, a cumplir años, a estar vivas y que se note en nuestros cuerpos. Miedo a ser la polioperada, a ir pintadas como una puerta; pero también, a ir con la cara lavada. Miedo a no ser madres, a arrepentirnos, a que se nos pase el arroz; a la vez, a ser madres, en concreto, a ser malas madres, a no disfrutar de la crianza, a no tener tiempo para nosotras, a quedarnos sin vida. Miedo a que nos juzguen constantemente por nuestra maternidad.

Miedo a hacer *topless* y que nos graben, a que nos extorsionen. Miedo a ser la guarra y miedo a ser la estrecha. Miedo a decir que paren. Miedo a sufrir una violación. Miedo a tener miedo. **El machismo ha creado todos estos miedos, y vivir con miedo no es normal.** Dejemos de normalizar algo que nunca debería haber existido. Reivindicamos el feminismo más que nunca porque nuestro objetivo es eliminar todos estos miedos y seremos necesarias hasta que lo consigamos.

El machismo moderno no solo se perpetúa por la ignorancia o la tradición, sino porque sabe renovarse. Ha aprendido a disfrazarse de ironía, de un falso sentido común, de discursos basados en la libertad o incluso camuflado en la ciencia (el supuesto llamado a la biología, madre mía, qué bien me lo he pasado respondiendo a eso). Y muchas veces nos pilla desprevenidas. Estamos tan acostumbradas a ridiculizarlo que no siempre vemos la seriedad de su avance. Nos sorprendemos con los resultados electorales, incapaces de entender cómo alguien podría votar a quienes parecen decir barbaridades, ¿cómo puede ser que casi 77 millones de personas hayan votado a Donald Trump? ¿Cómo es posible que 3 millones de personas hayan votado a Vox? ¿Por qué hay vídeos virales en las redes con discursos profundamente misóginos y con millones de *likes*? ¿El machismo está de moda entre la gente joven?

Por eso, este libro tiene un propósito claro: **desmontar el relato machista frase a frase, idea por idea.** Aquí encontrarás respuestas para cuando te quedes en blanco, herramientas con las que desarmar esos argumentos que pretenden invalidarte, y un chute de análisis crítico que nos permita reconocer y combatir incluso las formas más sutiles de violencia simbólica. No se trata solo de respuestas ingeniosas, sino de comprender el trasfondo de cada frase y las dinámicas de poder que la sostienen.

Estamos en un momento crucial en el que ya no nos quedamos calladas. Cada vez más mujeres alzan la voz frente a comentarios machistas, desmontan argumentos o responden públicamente en las redes sociales. Esto es decisivo porque el silencio, aunque a veces parece la opción más cómoda, tiene un precio: cede espacio al machismo, le permite normalizarse y ganar terreno. Responder no es solo una reacción; es una forma de resistencia activa. Es una manera de dejar claro que no toleramos más ese discurso, de marcar límites y, sobre todo, de sembrar dudas en quienes lo reproducen sin cuestionarlo. Que no quede impune esparcir odio.

Aunque **también hemos de escoger nuestras batallas**. No siempre vale la pena desgastarnos en discusiones donde no hay voluntad de escucha o que solo buscan provocarnos. Saber cuándo hablar y cuándo guardar nuestras energías no es rendirse, es estrategia. Contestar al machismo no significa responder a todo ni a todos, sino identificar los momentos cuando nuestra palabra puede tener impacto: en un espectador indeciso, en una amiga que empieza a cuestionarse, o en espacios donde nuestro silencio podría interpretarse como complicidad. Se trata de encontrar el equilibrio entre no dejar pasar lo intolerable y protegernos de la sobreexposición que tantas veces nos agota.

Y, al final, el feminismo tiene algo que incomoda al machismo: **no nos rendimos y ya no tenemos miedo**. Y, aunque las luchas parezcan interminables, cada palabra que desmontamos, cada idea que transformamos y cada persona que dejamos pensando es un paso hacia delante. Este libro es para quienes no se quedan calladas, para quienes quieren entender y para quienes creen, como yo, que tenemos las herramientas para cambiar el mundo.

He disfrutado muchísimo escribiendo este libro, he conectado con la rabia y el enfado que me produce el machismo, pero también con la fuerza y contundencia que nos proporciona saber que tenemos la razón. Espero que lo disfrutéis igual que yo.

Guía práctica para debatir dándolo todo y sin perder los nervios

Bueno, antes de empezar el libro con una lluvia de frases machistas, hemos de prepararnos. Y este es el momento *Get ready with me* para debatir con machirulos. Porque sí, hay días en los que te gustaría mandar a la mierda al señoro de turno y desconectar del mundo, pero entonces aparece esa duda interna: «¿Debería responderle?». Y ahí estás tú, debatiéndote entre dejarlo pasar o sacar toda la artillería.

Spoiler: no tienes por qué hacerlo siempre. Escoger nuestras batallas no es rendirnos, es una estrategia. Y no todo el mundo está dispuesto a escucharnos de forma activa y, bueno, hablarle a una pared es una pérdida de tiempo, eso ya lo sabemos. Pero cuando decides entrar al ruedo, hay que hacerlo con todo. Aquí no se trata de convencer a quien no quiere escuchar, sino de no dejar que el machismo siga impune, sin respuesta. Porque, cuando callamos, les damos espacio. Y eso, tías, es exactamente lo que no podemos permitir.

En este apartado, te dejo una guía de supervivencia para esos debates inevitables. Desde la amiga despistada que recita argumentos machistas sin darse cuenta hasta el machista chungo que te provoca para hacerte saltar. Porque sí, podemos responder sin perder los nervios. O perderlos, pero a nuestra manera y con estilo.

1. Con la amiga despistada que se ha tragado el machismo: «la inconsciente»

Aquí no hay maldad, solo lleva toda la vida bebiendo de esa fuente contaminada sin darse cuenta. ¿La clave aquí? Ponerle el espejo delante con paciencia, pero sin bajar la guardia. Lo mejor es hacer preguntas, lograr que ella misma se dé cuenta de la incoherencia o de los huecos argumentales en sus frases.

Estrategia: haz preguntas que le permitan reflexionar: «¿De verdad crees que si una mujer sufre acoso es porque iba vestida de X manera?». No es un interrogatorio, es causar que piense antes de repetir mantras. Si ves que la cosa fluye, puedes darle ejemplos o datos. Si no, suelta una frase potente y corta ahí: «Si ese argumento te lo hubiera dicho un tío, ¿te sonaría igual de lógico?».

2. Con el tipo que no se entera: «el despistado»

Es este que, en pleno 2024, aún pregunta qué es el patriarcado. Y es diferente al que te lo pregunta con sorna para «ponerte a prueba». A este literalmente no le interesa la movida, solo pregunta para integrarse en la conversación, pero la sensación es que no escucha mucho lo que le respondes. La intención puede no ser mala, pero su actitud resulta agotadora.

Estrategia: mantén la calma… hasta cierto punto. No tienes por qué hacerle una clase intensiva, no tenemos por qué ser profesoras veinticuatro horas, pero sí puedes lanzarle algo que lo descoloque. «Si te interesa tanto, te puedo pasar fuentes fiables para que leas. Si no, me ahorro el monólogo». La idea es dejar claro que no eres Google, pero que, si está dispuesto a aprender, puede empezar a currárselo él mismo.

3. Con el hijo sano del patriarcado: «el que lo lleva en la sangre»

Este personaje ha mamado machismo desde la cuna y lo defiende con orgullo. Tiene argumentos heredados y suele ser combativo. Repite eslóganes y consume el pódcast *Redpill*, intentará minimizar lo que padecemos las mujeres para resaltar la violencia que sufren los hombres.

Estrategia: aquí sí que toca ir con todo. Dale datos, casos concretos y, sobre todo, no entres en su juego de provocación emocional. «Es curioso que pienses eso porque hay estudios que dicen justo lo contrario. ¿Te interesa debatir con hechos o solo quieres pelear?». Mantente firme y corta en seco si se pasa: «Tu opinión es una, pero no es la realidad, y no pienso normalizarla». Y cuando te saque que los hombres se suicidan más o que también tienen trabajos precarios como la mina: «Paco, nadie niega que a los hombres les pasen cosas. Pero ¿por qué cuando hablamos de lo que sufrimos nosotras automáticamente hablas de ti?».

4. Con el falso aliado que te da lecciones: «el *mansplainer* progre»

Es el que parece estar de tu lado, aunque cuando menos lo esperas te está explicando el feminismo como si él lo hubiera inventado. Repite las consignas feministas, pero en una conversación más profunda te das cuenta de que no lo piensa de verdad. Te sacará el tema de la biología y los monos para intentar «pillarte» y justificar que el patriarcado es algo natural que, por lo tanto, no se puede cambiar.

Estrategia: desarmarlo con su propia lógica. «¿Te das cuenta de que estás haciendo lo que criticamos? Gracias, pero no necesito que un hombre me valide para tener razón». Si insiste, puedes añadir con ironía: «Guau, no sabía que necesitaba un mentor para entender mi propia lucha. Gracias por la iluminación». Humor cortante 1, *mansplaining* 0. Cuando te saque el tema de la biología o el mundo animal: «José Luis, no somos monos. Nos dan igual los bonobos. El machismo es social y todo lo social se puede desaprender».

5. Con el machista chungo: «el provocador profesional»

Este no quiere debatir, quiere que pierdas los nervios. Busca provocar para desacreditarte. Te faltará al respeto e intentará humillarte para rascar cuatro *likes* en Instagram.

Estrategia: no le des el gusto. Mantén la calma y usa respuestas cortas, contundentes y sin entrar en su dinámica. «No tengo tiempo para tu show, cuando quieras debatir de verdad, hablamos». Si te insiste, termina con algo del estilo: «Tu odio no va a frenar nuestra lucha, así que suerte lidiando con ello». Y si ves que se pasa, no dudes en exponerlo: «Este tipo de comentarios son la razón por la que seguimos luchando. Gracias por recordarnos por qué el feminismo es necesario». Aquí lo mejor es desistir, no entrar en su juego. Un buen bloqueo siempre es una opción.

1.
ATAQUES A FEMINISTAS

La primera reacción del machismo es atacarnos y nuestra mejor defensa, unos buenos argumentos.

Las feministas están siempre enfadadas

TE LO DESMONTO CON TRES ARGUMENTOS:

1. Si nos enfadamos es porque tenemos motivos, ¿quieren que hablemos de feminicidios con una sonrisa?

2. Se critica el tono de enfado como una excusa, lo que realmente les molesta es el mensaje.

3. Dejaremos de estar enfadadas cuando se acabe el machismo.

Empezamos por todo lo alto. Esta frase da muchísimo de sí y es el ejemplo perfecto de cómo se intenta estigmatizar e invalidar nuestra lucha y derechos aludiendo a… ¡que nos enfadamos! Vaya por dios. Nos recuerda mucho al típico: «Calladita estás más guapa», parece ser que el sistema habitualmente encuentra otras formas para terminar diciendo lo mismo.

«Las feministas están siempre enfadadas». Esto forma parte del *tone policing*, es decir, una falacia que consiste en poner el foco en el tono de alguien que ha expresado un punto de vista, descartándolo por ser emocional o de enfado en lugar de abordar la sustancia de lo que dice esa persona. Forma parte de una técnica para invalidar al otro: me centro en tu tono y te invalido absolutamente todo lo que has dicho y no hablamos del tema en cuestión.

En el caso del feminismo, la estrategia es dejar de lado las razones legítimas que nos hacen luchar por nuestros derechos y reducirlo todo a una mera expresión de enfado o frustración sin contexto ni motivos. Esto también nos recuerda bastante a la lógica de un maltratador psicológico: «te llevo al límite y, cuando pierdes las formas, señalo que te has alterado». Cuanto más analizo esta frase, más preocupante me parece.

El feminismo va de esto, ¿no? De señalar todos los elementos estructurales que nos oprimen y nos violentan: estamos hablando de feminicidios, de violencia sexual, de la presión estética que tenemos encima, de las cargas que implican la maternidad, de la doble explotación laboral, de un sistema que merma nuestra autoestima para hacer negocio, de tener miedo por la calle, de ser invisibles a medida que cumplimos años, de cobrar menos por ser mujeres… ¿Quieren que hablemos de todo esto con una sonrisa en la boca? **Porque es una falta de respeto a nuestra lucha y a nuestros derechos.** El feminismo no es una reacción irracional, sino una respuesta racional a siglos de opresión.

Pero, aunque todo esto lo tengamos claro, estas frases calan muy profundamente. Y aquí se presenta la eterna dicotomía: estás en una mesa con gente o en un grupo de WhatsApp y alguien suelta la típica frase machista de mierda y, claro, ¿qué haces? Saltas y respondes, exponiendo la burrada que ha dicho, o te quedas callada porque si no eres la pesada del grupo, a la que acusan de ser una «exagerada», «loca» o «histérica». La presión que tenemos encima es brutal porque el calado que hay detrás de todo esto es una medida correctiva para que no denunciemos la violencia que sufrimos. En el caso de que se nos ocurra hacerlo, seremos repudiadas por el grupo. Se entenderá que somos nosotras las que creamos una incomodidad, cuando debería estar claro que el origen es el machirulo de turno que ha dicho una burrada.

Y es que, a ver, **el feminismo que no incomoda es marketing**. Esto no es un simple eslogan manido que repetimos de forma superficial, sino una realidad que nos hemos de grabar a fuego. ¿Os imagináis una huelga de la clase obrera que no incomode, donde la prioridad sea respetar los sentimientos de los propietarios capitalistas y la patronal? ¿Por qué a la lucha feminista se le exige que priorice no molestar al opresor? Es absurdo.

El problema de fondo es que **al sistema no le gusta ni le interesa que las mujeres incomoden**. No se atreve a adentrarse en nuestro discurso o lo que estamos diciendo porque tampoco interesa escucharnos. Es mucho más fácil rechazar algo por el envoltorio y no por el contenido.

Esto nos deja en una encrucijada: por una parte, como feministas tenemos que denunciar las opresiones y violencias que sufrimos; por otra, no podemos estar enfadadas y no tenemos que incomodar a los hombres. Para variar, se nos exige a las mujeres que seamos dulces, suaves, empáticas hasta para el activismo. Al enmarcar la lucha feminista como un enfado, se despolitiza el discurso y se trivializan nuestras demandas, reforzando la idea de que las mujeres debemos mantenernos en el espacio emocionalmente controlado que la sociedad pretende asignarnos.

Y no solo eso, sino que también se nos responsabiliza de no conseguir que los hombres se interesen por el feminismo o hasta de que les genere rechazo nuestro movimiento. Da igual lo que pase, que la culpa siempre es nuestra. No solo nos hemos tenido que deconstruir e identificar los *inputs* machistas del sistema, sino que encima tenemos la obligación moral de propagar el mensaje, hacer pedagogía y transmitir nuestras reclamaciones bajo algodones para que nadie se ofenda.

Y aquí va el mensaje: **tenemos derecho a estar enfadadas**, habrá mujeres que sean más pedagógicas que otras, habrá mujeres que tengan más paciencia, y habrá mujeres que tengan una forma de comunicar que sea más directa y contundente. No nos olvidemos de que el feminismo no es una fiesta, es una reivindicación, una lucha. Y estamos hartas. **El activismo feminista se nutre de la indignación frente a la violencia, la desigualdad y la opresión.** Como han señalado muchas teóricas feministas, el enfado puede ser una fuerza transformadora, ya que moviliza a las personas para luchar por el cambio. En lugar de descalificar ese enojo, deberíamos preguntarnos qué lo provoca y qué cambios sociales necesitamos para construir una sociedad más justa.

NUESTRA RESPUESTA:
LAS FEMINISTAS NOS ENFADAMOS CUANDO TENEMOS MOTIVOS.

Las feministas odian a los hombres

TE LO DESMONTO CON TRES ARGUMENTOS:

1. Las feministas odiamos el machismo y repudiamos a los machistas, no a los hombres.

2. Los hombres porque no son un grupo homogéneo, son la mitad de la humanidad. Además, también hay mujeres machistas.

3. Son los machistas los que odian a las mujeres, y quienes dicen esta frase no parecen tan preocupados por eso.

«Las feministas odian a los hombres», «qué malas son», «están llenas de odio». Son clásicos que llevamos años escuchando. Empezaron en las cavernas de Twitter (mi mente se resiste a llamarlo «X») y, como una infección zombi, se han extendido poco a poco. Son frases que deberían estar más que enterradas, solo contagian el odio y, si somos sinceras, huelen bastante mal.

Es sencillo entender de dónde viene ese pensamiento: si el feminismo quiere acabar con el machismo y con el patriarcado, y ellos asumen que el machismo y el patriarcado está representado por los hombres, la consecuencia lógica es: «El feminismo quiere acabar con los hombres».

Sí, el feminismo quiere acabar con el machismo y con el patriarcado. Hasta ahí vamos bien, pero estos dos conceptos son unas dinámicas estructurales de las que todos y todas formamos parte. Ningún sistema de dominación es efectivo sin la complicidad de sus víctimas: existen mujeres machistas, que transmiten esos discursos, los interiorizan y los esparcen. Los pensamientos y actitudes machistas no son exclusivos de los hombres.

Por lo tanto, el feminismo lucha contra el machismo, contra la injusticia, y su esfuerzo es para **terminar con las actitudes, pensamientos y dinámicas machistas, con independencia de quién vengan**.

Además, si el feminismo realmente odiara a los hombres, ¿por qué luchamos por la paternidad responsable o por desmantelar los estereotipos de género que también limitan a los hombres? Claro, es mucho más fácil para algunos repetir: «Las feministas odian a los hombres» que cuestionar cómo el patriarcado ha creado un sistema opresivo. Lo que odiamos es el machismo, Paco.

@UsuariodeX

No son **feministas**. Son mujeres que quieren ser **hombres** pero que a la vez **odian** a los **hombres**. No quieren ser mujeres. Que kilombo estas tipas !!

♡ 146   ⟲ 1,4k   ♡ 2,3k   ⬆   ▢

Quienes aseguran que las feministas decimos que todos los hombres son agresores, no lo dicen por casualidad, existe una intención detrás. Seamos claras, el feminismo no dice eso y no hay ninguna feminista que piense así. Es absurdo pensar que la mitad de la humanidad actuará de forma homogénea. Que el 98 % de los agresores sean hombres no significa que todos los hombres agredan, significa que casi todos los que agreden son hombres. Si ante este dato la primera reacción que se tiene es ofenderse en vez de preocuparse por el problema, nos demuestra que no hay ningún tipo de interés en acabar con esta lacra.

Otro aspecto importante que podemos analizar de esta frase es que **el nuevo machismo presenta una distinción curiosa: la feminista buena *versus* la feminista mala**. La feminista buena sería aquella con un tono dulce, apaciguador y un discurso poco confrontativo, mientras que la feminista mala sería la odiadora de hombres por excelencia, la que tiene un tono más combativo, habla con seguridad o firmeza y sostiene un discurso que señala directamente la opresión que sufrimos las mujeres

Es importante entender que no solo es una cuestión del estilo comunicativo, la diferencia se centra sobre todo en los mensajes que lanzamos. Cuando una feminista es abolicionista de la prostitución y es crítica con la pornografía, aunque lo diga con un tono dulce y calmado, será presentada como una feminista mala que odia a los hombres.

Todo esto forma parte de una campaña de marketing muy efectiva contra el feminismo: construyen una caricatura de las feministas para no atender sus demandas, con eslóganes como: «No quieren la igualdad», «son misándricas» o «están llenas de odio». Reducen nuestra lucha a un supuesto odio irracional y visceral hacia los hombres con el objetivo de invalidar nuestro movimiento.

Conclusión: **esta frase es una excusa barata para no cuestionar el sistema ni a sí mismos**; si realmente alguien se siente amenazado por las feministas, debería preguntarse por qué. Si el feminismo señala la injusticia y ellos se sienten amenazados, amigos, blanco y en botella.

> NUESTRA RESPUESTA:
> # LAS FEMINISTAS ODIAMOS EL MACHISMO, NO A LOS HOMBRES.

Acabaréis solas y con gatos

TE LO DESMONTO CON TRES ARGUMENTOS:

1. ¿Qué problema hay con estar sola? ¿Qué os pasa con los gatos? Ya lo dice el dicho: mejor sola que mal acompañada.

2. No estamos incompletas sin una pareja. Somos seres autónomos e independientes que no necesitan ninguna media naranja.

3. La soltería no es igual a la soledad. Puedes no tener pareja y estar muy bien acompañada por tus amistades y tu familia. Más amigas y menos cucarachos.

Pero vamos a ver, ¿quién ha empezado a extender el bulo de que «estar sola y con gatos» es un escenario apocalíptico? Muchísimas mujeres firmarían ya mismo para poder vivir en su propio piso, sin compartirlo con ninguna pareja y en compañía de un felino. El mensaje que lleva implícito esta amenaza es «si eres feminista no te querrá ningún hombre y te convertirás en una mujer amargada y solitaria», un estereotipo que el machismo nos ha colado hasta en la sopa. Solo hace falta fijarse en el personaje de la «loca de los gatos» de los Simpson, retratado como una mujer desequilibrada, andrajosa, alcoholizada y malhumorada que convive con más gatos de los que puede alimentar.

En realidad, el arquetipo de la *cat lady* viene de lejos. En el siglo XIII, los gatos empezaron a asociarse con la herejía y la brujería porque se trataba de animales independientes que sobrevivían a circunstancias extremas —de ahí que se diga que tienen siete vidas— y que se relacionaron con ritos satánicos. Estamos hablando de la Edad Media, una época en la que las mujeres que desafiaban los roles sociales, sobre todo si vivían solas, eran etiquetadas de «brujas» y podían ser perseguidas, quemadas o torturadas. Pues bien, parece que la mentalidad de unos cuantos se quedó en el Medievo, ya que ¿qué problema hay en estar solas?

El estereotipo de la loca de los gatos es rancio y misógino porque señala a las mujeres que no tienen un hombre a su lado, como si les faltara su «media naranja» para ser personas completas. **El patriarcado nos ha socializado para que el centro de nuestras vidas sea el cuidado de los demás, sobre todo si ese «los demás» son el marido y los hijos o hijas. Si fallamos en este rol, tenemos que estar «locas».** ¿Qué mujer querría estar sola si nos han inculcado que nuestro objetivo vital es casarnos y vivir en pareja?

De ahí que se nos machaque tanto con el tema de tener pareja: existe tal rechazo social hacia la soltería que se entiende como un fracaso. «Pobrecita, nadie la aguanta y por eso se ha quedado soltera», «si tratas a los hombres así te vas a quedar para vestir santos», «qué raro que no tenga novio, será que está un poco loca» son frases que todas hemos escuchado en algún momento. Si estás soltera y no buscas pareja activamente, la semilla de la duda planeará sobre ti y la teoría principal será que «algo malo te pasa». ¡Con los mitos del amor romántico hemos topado! Qué pereza. Sin embargo, las mujeres no somos menos válidas por no tener un hombre a nuestro lado, no necesitamos una pareja para realizarnos y, claro está, no nos pasa nada malo por no llevar a ningún novio o novia a la cena de Navidad.

Además, ¿qué significa estar sola? La soltería y la soledad son cosas distintas que no tienen por qué estar relacionadas. No tener pareja no significa estar sola. Existen las amistades, la familia y un sinfín de relaciones valiosas que pueden acompañar igual o mejor que un novio, novia, marido o mujer. Somos seres sociales, es normal que nos guste compartir nuestra vida con alguien, pero asumir que ese «alguien» tiene que ser sí o sí una pareja nos limita, ya que impide que desarrollemos vínculos profundos con otras personas e incluso puede llevarnos a aceptar conductas que no toleraríamos, por ejemplo, en nuestras amistades. **Si la**

idea de quedarnos solteras nos da pavor, ¿cuántas cosas aceptaremos con tal de seguir con pareja? ¡Ojito! Y, por otro lado, ¡será que no nos podemos sentir solas estando en pareja! ¿Cuántas mujeres hay que llevan la carga mental del hogar, que se encargan de todas las tareas relacionadas con los cuidados y que, cuando le plantean a su pareja algún tipo de cambio, se sienten incomprendidas y, en definitiva, solas?

En el fondo, lo que les da verdadero miedo a los machistas que nos tratan de locas es que nos demos cuenta de que podemos ser perfectamente felices sin ellos. **Les asusta que tengamos inquietudes que no están relacionadas con ellos y que nuestro proyecto vital no pase por cuidarlos o proporcionarles una familia.** Con esta frase solo están proyectando sus miedos: «Si todas las mujeres son feministas, ¿quién querrá a los hombres machistas?». Exacto, José Antonio: mejor solas que mal acompañadas, y mejor con amigos gatunos que con novios machirulos.

NUESTRA RESPUESTA:
ACABAREMOS FELICES Y CON GATOS.

¿Estás con la regla?

TE LO DESMONTO CON TRES ARGUMENTOS:

1. Tenemos todo el derecho del mundo a molestarnos o enfadarnos cuando hay motivos, y preguntarnos por la regla es un intento de invalidar esas razones y tratarnos de histéricas.

2. A los machistas les dan miedo las mujeres decididas y directas, y más aún cuando son sus compañeras de trabajo y posibles jefas.

3. No dejes que te dé lecciones sobre la regla un señor que no sabe ni lo que es un tampón o una copa menstrual.

Vamos a empezar por el principio, para que nadie nos acuse de dejarnos datos fuera del debate. Menstruar es un proceso cíclico y sí, implica unos cambios hormonales que alteran el estado anímico. ¡Ojo!, porque esto significa que las mujeres experimentamos las disrupciones del famoso síndrome premenstrual y el periodo de sangrado, que es cuando generalmente tenemos que soportar eso del «seguro que estás con la regla», pero también que tenemos un periodo previo de especial concentración, energía, optimismo, vitalidad y claridad mental. Por alguna razón, sobre esto nadie nos pregunta.

Si estamos de acuerdo en que menstruar conlleva estos procesos cíclicos del estado de ánimo, ¿por qué es tan problemática esta frase? Para empezar, porque, **aunque se formule como una pregunta, es toda una acusación**. Como lo de llamarnos «histéricas» ha quedado desfasado, el machismo ha tenido que buscarse nuevas formas de decirnos que estamos exagerando o que no tenemos motivos para enfadarnos, y esta en concreto le encanta. Así, reacciones tan lógicas como ofenderse ante comentarios violentos o rebelarse por situaciones injustas se intentan hacer pasar por actos injustificados, impulsados por las emociones y no por la razón. «Ay, no se le puede decir nada, estará con la regla» se convierte en la excusa perfecta cuando te han cantado las cuarenta por tu chiste machista. Al final, no deja de ser un intento de evadir las responsabilidades de lo que un hombre ha dicho o hecho y de echarlas sobre la mujer más cercana, que, esté o no con la regla, seguro que tiene argumentos de sobra para haberse molestado.

Un comentario como este es dañino en todos los ámbitos, pero **es especialmente hiriente en entornos laborales**, en los que marcar límites, defender una opinión o imponer una autoridad pueden requerir que dejemos de lado la suavidad y nos hagamos valer con toda la fuerza necesaria. Una mujer liderando es una pesadilla para los machistas, que no dudarán en recurrir a una de las construcciones más fuertes del patriarcado: el hombre es la razón y la mujer es la emoción. Es curioso, porque todavía no he visto a ningún hombre que, cuando sale a relucir el predominio de las mujeres en áreas como la crianza o los cuidados, donde es importantísimo ser estable, constante y paciente, salga corriendo a quitarnos esa responsabilidad tan poco apta para alguien que se deja llevar por una montaña rusa de emociones. Se ve que solo somos emocionales e inestables cuando el puesto de un hombre corre peligro.

En una sociedad en la que todavía estamos peleando por llegar a los cargos de responsabilidad de las empresas (solo un 39,4 % de los consejos de administración de compañías privadas son mujeres y solo un 11,8 % tiene cargos de presidencia), **achacar nuestros actos a los cambios hormonales es todo un ataque hacia nuestro derecho a un reparto equitativo de los puestos de liderazgo**.

Por si fuera poco, esta frase también intenta ridiculizar un proceso biológico, como si no tuviéramos suficiente con andar pasándonos los tampones o compresas a escondidas como si fuese algo ilegal. He visto vídeos de TikTok en los que los hombres creen que no podemos ir al baño con un tampón puesto o que perdemos litros de sangre en tres días, pero, en lo que respecta a cómo nos afecta emocionalmente, algunos se comportan como si tuvieran poco menos que un doctorado.

Es curioso ver lo estigmatizada que está la menstruación en las mujeres, cómo sigue siendo algo tabú. Cuando literalmente estaremos de media unos 40 años de nuestra vida menstruando y hasta hace tres días teníamos súper poca información sobre nuestros propios procesos biológicos y hormonales. Y, además, ¿cuando se nos va la regla qué excusa tienen para invalidarnos? Porque si la regla está estigmatizada, imaginaos la menopausia.

Verdaderamente, lo que les ocurre es que **nuestra realidad no cuadra con su imagen limitada de las mujeres**, en la que siempre somos conciliadoras, dulces y empáticas. Como si no pudiéramos ser serias, ásperas, frías, directas o hirientes por el simple hecho de que son rasgos de personalidad comunes a cualquier ser humano. Tenemos todo el derecho a ser y a experimentar un abanico amplio de emociones y si crees que solo hemos de comportarnos como abnegadas madres y esposas, te recomiendo que te quedes a vivir en una película de los años cincuenta.

NUESTRA RESPUESTA:
LA REGLA NO NOS HACE MENOS VÁLIDAS.

Las mujeres, a fregar

TE LO DESMONTO CON TRES ARGUMENTOS:

1. Manolo, eres adulto, deja de comportarte como un niño y ponte a limpiar.

2. Esta frase perpetúa la división sexual del trabajo: las mujeres limpian y los hombres ganan dinero. Misoginia pura y dura.

3. Las tareas que nos asigna el sistema no están ni reconocidas ni valoradas. Es un trabajo invisible.

Que nos manden a fregar es algo tan ridículo que es imposible tomárselo en serio. Pero, chicas, si añado esta frase en el libro es porque sigue vigente y solo hace falta emprender una excursión por TikTok para darse cuenta. Así que vamos a analizar qué hay detrás de esto.

Normalmente recibimos estas frases cuando hacemos activismo, cuando señalamos cuestiones que molestan. **Como no tienen argumentos, recurren a esto.** Lo primero es entender que cuando nos lo dicen es porque nos intentan humillar, y que no se me malinterprete: limpiar no es algo humillante, pero la intención de quien lo dice sí lo es.

El pensamiento que intentan imponer es una misoginia profundamente rancia, un recordatorio de que, según ellos, nuestro rol como mujeres es limpiar, cocinar y cuidar (de verdad que hay gente que se ha quedado atrapada viviendo dentro de un calendario de 1949). Parte de dos premisas: menosprecia estas labores y nos ubica en un espacio de inferioridad. Si limpiar o cocinar fueran actividades que se valoraran, no leeríamos estas afirmaciones.

Si miramos atrás, los cuidados y tareas del hogar nunca han tenido valor. La típica frase de «el marido trabajaba y la mujer se quedaba en casa» siempre me ha dado mucha rabia porque **las mujeres siempre han trabajado**. Encargarse de un hogar es un trabajo, mantener la casa limpia y ordenada, pensar y hacer la compra, cocinar, poner lavadoras, tender la ropa… Todo esto requiere de un tiempo y esfuerzo y aporta algo crucial para nuestras vidas. ¿Cuál es la alternativa? ¿Vivir en el caos absoluto? ¿Convivir entre mierda?

El tema es que todas estas labores no han estado remuneradas. Y, en un mundo capitalista, parece que lo único que cuenta es ganar dinero, y las actividades que se elevan son las que proporcionan ganancias económicas. ¿Os parece casualidad que el sistema nos atribuya unas funciones y que al mismo tiempo estas tengan cero valor?

Pienso mucho en los chavales que dicen estas frases, y me imagino diferentes escenarios. El adolescente cafre que no hace nada en casa y cuya madre va detrás de él limpiando toda la porquería que genera. El mismo muchacho, unos años más tarde, sustituyendo a su madre por su novia para seguir sin dar un palo al agua. **El caso es librarse de toda esta carga de trabajo porque nunca han interiorizado que sea algo que vaya con ellos.** Y me da muchísima pena pensar en estas chicas, que literalmente están maternando a sus novios. Los tratan como eternos niños pequeños incapaces de responsabilizarse de la vida adulta. Y no las quiero señalar a ellas ni muchísimo menos, porque debe de ser muy frustrante construir un hogar donde no hay corresponsabilidad.

Aquí está el juego del sistema: diseñar tareas que parecen invisibles. Limpiar, cocinar o fregar es algo que se ha de hacer diariamente. Todos los días comemos y ensuciamos. Y cuando algo ocurre a diario pasa a ser rutina y, por lo tanto, pierde valor. Pienso en nuestras abuelas los días de Navidad, haciendo horas extra para preparar verdaderos banquetes. Sin embargo, si no prestas atención a quien hace las tareas, parece que la comida surge por arte de magia, los platos se recogen y se limpian como si estuviésemos en Hogwarts. Y no, detrás de todo esto hay mujeres. Siempre hay mujeres.

Mientras, históricamente ellos se han encargado de tareas puntuales, casualmente muy visibles y valoradas, que los convierten en el manitas de la casa, como arreglar aparatos que se rompen, colgar cuadros o cambiar bombillas. Que sí, que es algo que hay que hacer y está muy bien. Pero, en la comparación de cargas, no hay color.

Volviendo a la frase, el problema que encierra es entender que limpiar es nuestra obligación como mujeres. Perpetúa la creencia de que las tareas domésticas forman parte de nuestra identidad y función social. **No es solo un comentario machista; es un reflejo de un sistema patriarcal que nos ha confinado al ámbito privado, limitando nuestro desarrollo personal y profesional.** Que se lo pregunten a nuestras abuelas.

Estamos hartas de cargar con un peso brutal que, encima, es invisible a ojos de la sociedad. La solución no solo es que se valoren estas tareas, que también es necesario, hay que exigir un reparto equitativo.

NUESTRA RESPUESTA:
LIMPIA TU MIERDA, MANOLO.

Las mujeres conducen peor

TE LO DESMONTO CON TRES ARGUMENTOS:

1. Las mujeres generamos menos accidentes y, por lo tanto, pagamos menos en los seguros de coche.

2. Ellos tienen más accidentes, reciben más multas de velocidad, cometen más infracciones de alcohol y drogas, se saltan más señales de tráfico.

3. Paco, no eres Fernando Alonso. Estás conduciendo por la M-30, compórtate.

Lo hemos escuchado hasta la saciedad. Y no. No es cierto. Las mujeres no conducimos peor que los hombres. Además, parece irónico, pero si tuviésemos que hacer una competición para ver quién conduce mejor os aseguro que ganaríamos. Vamos a analizar bien qué hay detrás de todo esto.

La idea de que las mujeres conducimos mal nos la han metido hasta con calzador, desde frasecitas como «mujer al volante, peligro constante», hasta mensajes cotidianos como que aparcamos mal, tenemos peor inteligencia espacial o generamos más accidentes porque vamos despacio. Y nada de eso se acerca a la verdad.

Lo primero que nos hemos de preguntar es a qué nos referimos con conducir. Porque, si somos prácticos, conducir en este contexto debería ser sinónimo de circular en las carreteras. Y, claro, cuando colocamos este marco contextual, todo su discurso misógino se desmonta porque ya me dirás tú de qué me sirve aquí una competición de ver quién va más deprisa o es más temerario al volante. Reitero, esto no es la Fórmula 1. Ni tú Schumacher, Paco, que naciste en Ponferrada. Estamos hablando de conducir por las carreteras, respetar las normas de tráfico y no ser un peligro social.

La Dirección General de Tráfico (DGT) en España ha señalado que los hombres son responsables del 82 % de los accidentes de tráfico. Cuando damos esta cifra lo primero que nos dicen es: «Eso es porque hay muchos más hombres conduciendo que mujeres». Perfecto, pues ahí va otro dato: según el último censo de la DGT, la proporción de hombres y mujeres que conducen es muy similar. Del total, el 57 % son hombres y el 43 % son mujeres.

Aquí ya se ponen un poco nerviosos y nos dicen que los hombres pasan muchas más horas en la carretera que las mujeres, por lo que sufren más accidentes. Entonces ya me enfado un poco y saco la artillería pesada: los hombres cometen cinco veces más infracciones de tráfico por consumo de alcohol y drogas que las mujeres, y reciben casi el doble de multas por exceso de velocidad que nosotras. Estas son conductas totalmente temerarias que implican un peligro tanto para ellos como para cualquiera. El resultado: **tienen el doble de accidentes mortales que nosotras**.

Según el Instituto Nacional de Estadística (INE), en 2021, 989 hombres fueron condenados por infracciones penales contra la seguridad vial, frente a 52 mujeres. Dicho de otra forma, del total de este tipo de infracciones penales el 95 % las realizan hombres. Y según el estudio #Ellasconducen (2022) de Midas, el 60,3 % de las mujeres que conducen no han recibido ningún tipo de sanción administrativa, mientras que el 69,7 % de los hombres reconoce que han sido multados, sobre todo por exceso de velocidad.

Pero es que estos datos también tienen un componente psicológico importante. El miedo a conducir, o amaxofobia, se ha asociado a varios factores sociales, culturales y psicológicos. Existen grados que varían entre lo leve (sentir ansiedad conduciendo) hasta lo inhabilitante (no poder coger el coche). Según un estudio del Real Automóvil Club de Catalunya (RACC) y el Instituto MAPFRE, en

España cerca del 28 % de personas que conducen experimentan algún tipo de miedo. Dentro de este grupo, el 64 % son mujeres. Podríamos pensar que tampoco hay tanta diferencia, pero es que aquí se engloba cualquier nivel de amaxofobia. Si situamos una lupa sobre el miedo a conducir realmente inhabilitador, el más grave, vemos que el 87 % de personas que lo sufren son mujeres.

¿Qué pinta la masculinidad en todo esto? **La relación entre la masculinidad y las conductas temerarias al volante es un ejemplo clarísimo de cómo nos impacta la socialización de género.** La masculinidad se asocia con la valentía, la audacia y el dominio de situaciones de riesgo, y esto también les influye en la forma de conducir.

En el fondo reside la idea de que «arriesgarse» y «cruzar límites» son características admirables para los hombres. Se normaliza un riesgo innecesario que pone en peligro vidas. No obstante, la conducción temeraria no es una prueba de destreza ni de competencia, sino una expresión de una masculinidad que necesita revalidarse constantemente a costa de la seguridad y el bienestar colectivo. La seguridad al volante no debería ser un acto de rebeldía ni una prueba de identidad masculina.

NUESTRA RESPUESTA:

LAS MUJERES CIRCULAMOS MEJOR PORQUE NO JUGAMOS A SER FERNANDO ALONSO.

Cuando hay que pagar la cuenta, se olvidan del feminismo

TE LO DESMONTO CON TRES ARGUMENTOS:

1. Si nos invitan siempre, el producto somos nosotras.

2. Invitar es un gesto bonito, pero si siempre se produce en la misma dirección (hombre invita a mujer), cuidado.

3. Como existe la brecha salarial, lo justo sería que cada uno invitase según sus ingresos. Quien tiene más, que invite más veces.

¿Quién paga en la primera cita? Este es un tema intenso en gente heterosexual, y ya entraremos más adelante. Socialmente, ¿se sigue esperando que pague el hombre? ¿Somos menos feministas si nos dejamos invitar por un hombre? Que quede claro, no eres menos feminista por dejarte invitar, aunque hay muchas problemáticas que analizar.

La norma siempre ha sido que pagase el hombre la cena, aunque mucha gente pensará que esto ya no pasa y que es cosa del pasado. Y es curioso ver cómo convergen dos discursos que parecen antagónicos entre el machismo moderno: por una parte, tenemos relatos de «un hombre de alto valor ha de pagar» y, por otra parte, vemos a tíos que señalan a las mujeres por dejarse invitar. Dicen que, si el feminismo quiere la igualdad, la cuenta se ha de pagar a medias. Un intento de ridiculizar al feminismo, aludiendo a que «solo somos feministas cuando nos interesa».

Si hacemos un poco de análisis histórico, vemos que el sentido de todo esto viene del pasado. **Los hombres tenían trabajos remunerados y las mujeres, no. Por eso pagaban, porque tenían dinero.** Esto ahora ya no tiene razón de ser, las mujeres podemos y debemos invitar porque nos hemos emancipado económicamente. Pero, claro, ¿qué pasa con la brecha salarial?

Que las mujeres tengamos nuestros propios ingresos es una victoria del feminismo, pero aún quedan cosas por hacer. En España, según los datos de salarios de la Encuesta de Población Activa (EPA), en 2022 la diferencia salarial mensual bruta entre hombres y mujeres fue del 15,7 %.

Entonces, si las mujeres y los hombres no cobramos lo mismo, ¿qué sería lo justo de verdad? Aquí **se entrelazan los conceptos de igualdad y equidad**. Pongamos un ejemplo: imaginemos a una pareja que comparte piso. Para hacerlo más neutro, que sea una pareja de lesbianas, así no hay interferencias entre hombres y mujeres. Supongamos que han de pagar un alquiler de 1.200 euros al mes. La primera tiene un salario de 4.000 euros y la segunda, de 1.500 euros. ¿Qué debería pagar cada una?

Si aplicamos la igualdad, deberían pagar 600 euros por cabeza. Ambas aportarían lo mismo. Pero esa cantidad no implica el mismo esfuerzo para ellas porque para la primera representa un 15 % de sus ingresos, mientras que para la segunda sería un 40 %. En cambio, si aplicamos la equidad, se deberían tener en cuenta estos porcentajes. La primera debería pagar 867 euros y la segunda, 333 euros. De esta forma, hay una que paga mucho más dinero que la otra porque es la que más ingresa, pero ambas estarían haciendo el mismo esfuerzo según su salario.

Visto este ejemplo, volvamos a quién paga la cena, que el machista que nos ha sacado esta frase se nos impacienta. Bien, ¿de verdad es importante quién paga? Pues sí, ya lo dice el dicho: «Quien paga manda». Detrás de estos gestos se encuentran muchísimos detalles, en especial las relaciones de poder que ocurren en la relación. Y, seamos claras, invitar es un gesto bonito que hemos de poner en valor. Invitar está bien. Pero cuando siempre vemos el mismo patrón (hombre invita a mujer) nos hemos de preguntar qué hay detrás.

Si los hombres quieren invitar siempre, quizá es porque inconscientemente esperan algo a cambio. Resuena un poco a la lógica de las discotecas donde las mujeres entramos gratis. No es que los jefes de los clubs sean superfeministas, **es porque el producto somos nosotras**. Ya que las mujeres en una discoteca funcionamos como un reclamo. Cuando te invitan siempre hay un punto en el que te sientes en deuda. Y ahí está el juego.

De forma simbólica, las invitaciones constantes son una demostración de poder. Y el problema no es invitar, es que siempre pase en la misma dirección. Además, este dilema solo ocurre en citas heterosexuales; en una cita entre dos mujeres o dos hombres no pasa esto. No hay esta presión ni dinámicas.

Y entonces ¿qué hacemos? Siempre hay que buscar la reciprocidad; si en la primera cita te invitan, en la segunda cita invita tú. Y si hay una disparidad muy grande en vuestra capacidad económica, escoged el sitio en función de vuestros recursos.

NUESTRA RESPUESTA:

NO NOS OLVIDAMOS DEL FEMINISMO, BUSCAMOS UN REPARTO JUSTO Y EQUITATIVO.

Si tanta igualdad quieren, ¿por qué no van a la guerra?

TE LO DESMONTO CON TRES ARGUMENTOS:

1. ¿Cómo hemos llegado hasta aquí? La segregación social es la culpable de que ciertos sectores se consideren masculinos.

2. La igualdad se construye accediendo a los mismos derechos y oportunidades, no con la imitación de los comportamientos asociados a los hombres.

3. Las Fuerzas Armadas no serán un lugar seguro para las mujeres hasta que las denuncias por acoso y abuso sexual se tomen en serio.

Seguro que has escuchado esta o alguna otra versión de la pregunta. ¿Por qué las mujeres no quieren ser mineras? ¿Por qué las feministas no reivindicáis que haya un 50 % de mujeres obreras? Al hombre que acaba de escribir esto en X y está ahora mismo reclinándose en el asiento, satisfecho por haber encontrado aquí la grieta estructural de nuestra lucha colectiva, siento decirle que no. No es que despreciemos el trabajo duro y queramos pasarnos la vida en una tumbona con un *bloody mary* en una mano y tramitando la baja por menstruación en el móvil con la otra. Casi, pero no.

El «no queréis ir a la guerra o a la mina» es una forma de ridiculizar las demandas del feminismo cuando señala la existencia del techo de cristal, como si solo nos interesara acceder a determinados puestos directivos por el lucro y el cóctel en la tumbona, y no por un afán de igualdad real.

Para que nos entendamos, cuando hablamos de la división sexual en el trabajo, nos referimos a dos tipos de segregación: la vertical y la horizontal. La vertical refleja lo que conocemos como «techo de cristal», que se resume en que el sistema nos dificulta llegar a puestos de poder, no porque no estemos preparadas, sino porque no nos quieren ahí. Ejemplos nos sobran: universidades llenas de alumnas en Magisterio o Medicina, pero, hoy todavía, un número desproporcionado de hombres en lo alto de esas carreras, o mujeres que llevan la carga de la cocina en el 63 % de hogares españoles, pero menos de un 10 % de cocineras entre los restaurantes con tres estrellas Michelin del país.

Por otro lado, la segregación horizontal habla de un corte que se produce dentro de un mismo nivel económico o laboral y que responde a temas de socialización. Aquí es donde entra la minería o la obra, que se suelen usar como arma arrojadiza sin tener en cuenta que trabajos físicos igual de duros, como el cuidado de personas dependientes o la limpieza de hogares u hoteles, están al cargo, en su gran mayoría, de mujeres. Que se lo digan a todas las *kellys* que llevan años peleando para que se reconozcan como enfermedad profesional las lumbalgias, tirones y lesiones musculares propias de su trabajo.

En un mundo feminista, las mujeres no serían mayoría en este tipo de trabajos, como tampoco lo serían los hombres en los otros, porque las imposiciones sociales que mantienen esta diferenciación sexista habrían dejado de aplicarse. Y reconoceríamos, por fin, que son trabajos necesarios y que no hay hueco para la precarización y explotación en esta sociedad.

Imaginemos que, a pesar de todo, nuestro encantador tuitero anónimo sigue pidiendo que hablemos de la guerra. Aprovechemos su insistencia para recordar uno de los básicos del feminismo: abogamos por la igualdad de derechos y oportunidades en todos los ámbitos, que no es lo mismo que pedir la imitación de comportamientos o actividades. Que quede claro, el objetivo del feminismo no es igualarnos a los hombres.

Que haya algo históricamente asociado a los hombres, como la guerra, no quiere decir que debamos exigir que un 50 % de los soldados sean mujeres, sino que las mujeres tienen el derecho a ocupar ese porcentaje si así lo desean. ¿Por qué podríamos no desearlo? Quizá porque considerar la guerra como la mejor forma de resolver un conflicto es un ideal anticuado o porque las Fuerzas Armadas son estructuras jerárquicas y autoritarias que no necesariamente aplican lo que el feminismo sostiene. O también porque, al contrario de lo que defiende nuestro tuitero anónimo, las mujeres conocemos la guerra demasiado bien. En conflictos por todo el mundo, la población femenina es usada como arma y las mujeres son torturadas, convertidas en esclavas sexuales o condenadas a una pobreza que pone en peligro su vida.

¿Y si, aun así, quisiéramos formar parte del ejército? Las puertas de las Fuerzas Armadas están abiertas para nosotras, ¿verdad? Sobre el papel, una mujer tiene los mismos derechos de alistarse que un hombre, pero no olvidemos que la teoría no es lo único que cuenta. La justicia es un mecanismo fundamental para la igualdad, pero de nada sirven esas letras sobre el papel si no se nos ofrecen espacios seguros en los que trabajar. Puede que el ejército y otros cuerpos estén impulsando políticas de género, pero todavía tienen una asignatura pendiente en su gestión de la violencia machista. Solo el 10 % de los expedientes disciplinarios abiertos por acoso sexual acaba en sanción para los denunciados y no es infrecuente que salten casos de violencia sexual que han intentado silenciar los altos mandos. Hace unos años, varias periodistas de conflictos se reunieron para hablar de sus experiencias en el ejército. ¿En qué coincidieron todas? En que las situaciones más peligrosas que habían vivido las protagonizaron militares machistas.

NUESTRA RESPUESTA:
NO NOS QUEREMOS IGUALAR A VOSOTROS.

Las feministas son feas

TE LO DESMONTO CON TRES ARGUMENTOS:

1. ¿Qué más da si somos guapas o feas? Nuestro discurso no es menos válido por cómo nos perciban los hombres.

2. Es preferible ser «fea» a tener que vivir bajo la tiranía de gustar.

3. Las feministas molestan siempre, sean guapas, feas, altas o bajas, de ahí que se usen descalificativos para atacarlas.

Además de ser más vieja que Matusalén, la frase: «Las feministas son feas» es ridícula. Desde tiempos inmemoriales el patriarcado ha atacado al movimiento feminista con insultos, menosprecios y humillaciones a sus promotoras. Resulta representativo que, de todos los adjetivos que podrían usar para atacarnos, elijan llamarnos «feas», como si la ausencia de belleza invalidara nuestras ideas. El argumento con el que justifican la correlación fea-feminista es el siguiente: «Como eres fea, ningún hombre te quiere, estás enfadada con el mundo y te haces feminista». Hay bastante incoherencia lógica en esta cadena de perlas. Vamos por partes:

«Eres fea». Pues ok, **¿quién te ha preguntado?** Aquí está el quid de la cuestión: parece que muchos hombres se sienten impunes a la hora de realizar juicios estéticos sin que nadie lo haya pedido y llenan las redes de todo tipo de barbaridades contra nosotras. Ese sometimiento estético que sufrimos las mujeres constantemente, ese tener que aguantar comentarios sobre nuestra apariencia, se basa en la idea machista de que solo somos válidas si somos guapas. ¿Y quién decide si somos guapas? Exacto: ¡la mirada masculina! Cómo no. Lo de que no se opina sobre cuerpos ajenos algunos aún no lo han aprendido.

Y el mensaje que recibimos del sistema es demoledor: si no eres guapa, eres invisible. Si no eres guapa, no eres válida. Si no eres guapa, no sirves para nada. Porque el rol que se nos impone es el de objetos decorativos. Nuestra carta de presentación es nuestro encaje en el canon de belleza. Un canon de belleza imposible de alcanzar: si no encajamos, se nos castiga. Y si encajamos, la presión que sentimos por mantenernos guapas es tan fuerte que acabamos desquiciadas igualmente.

La idea que hay detrás es imponernos la desesperación por la validación masculina, como si nuestra máxima aspiración en la vida fuera gustar a los hombres. Lo peor de todo es que acabamos interiorizando este discurso. Recibimos muchos mensajes de este tipo: «Te has de arreglar», cuando, disculpa, las cosas que se arreglan es porque están rotas, y nosotras no estamos rotas. O «tienes cara de cansada», cuando entras en el trabajo y no vas maquillada. Y mira, señora, esta es mi cara.

Literalmente nuestro aspecto físico es objeto de opinión pública. Cómo llevamos el pelo, qué ropa nos hemos puesto, si nos hemos maquillado o no, si hemos adelgazado o engordado, nuestras ojeras o cara de cansada. Es agotador que cada milímetro de nuestro cuerpo sea comentado en privado o directamente hacia nosotras. De verdad, parad de hacer esto.

> **@UsuariodeX**
>
> El piropo es instinto en los hombres, tratar de prohibirlo es como prohibirle a un pavo real que levante ya plumas o a una rana cantar, es ilógico, son leyes basura que inventaron las **feas feministas**
>
> 146 1,4k 2,3k

Aunque muchas veces no haya una mala intención y lo que realmente se quiere hacer es un halago, el mensaje que hay de fondo es perjudicial para nosotras. Asimilamos que nuestro cuerpo siempre está en tela de juicio y pasando un examen. No me importa sacar un 8 o un 4, quiero dejar de sentirme que estoy expuesta a que alguien me ponga una nota.

Y, cuando el machista de turno nos llama feas para invalidarnos, ese señor nos da absolutamente igual y lo que está haciendo es patético. Pero el fondo de todo es preocupante. Lo que **nos enfada es un sistema que nos hunde la autoestima para que estemos obsesionadas con la belleza.** Con un mundo que nos presiona para que prioricemos por encima de todo la superficialidad y lo estético. Obviamente, el feminismo busca que llamar «fea» a una mujer deje de ser un insulto, y que la apariencia no pueda ser usada como descalificativo.

La idea misógina de: «Nadie va a querer estar con una feminista porque son todas feas» es falsa y absurda. Ante esto, yo digo: prefiero mil veces ser fea que machista. Qué quieres que te diga. Además, ahí va otra gran contradicción: ¡es que si somos canónicamente guapas tampoco nos toman en serio! Marilyn Monroe leía a Joyce y Tolstói, pero nadie se la tomaba en serio porque era una «rubia tonta». Por lo tanto, da igual si eres guapa, fea, alta o baja: si eres feminista, molestas. Cuando las mujeres no encajamos en el molde de lo que algunos hombres esperan, ya sea por nuestro aspecto o porque nos da absolutamente igual su validación, se rompe el esquema de poder, y ahí empiezan los ataques. **El feminismo incomoda porque desafía ese orden patriarcal donde las mujeres deben gustar antes que opinar.** Pero tengámoslo claro: es preferible ser «fea» a tener que vivir bajo la tiranía de gustar.

> NUESTRA RESPUESTA:
> # LAS FEMINISTAS TE PARECEN FEAS PORQUE SU LIBERTAD TE ATERRA.

2.
LA CULTURA DE LA VIOLACIÓN

La verdadera liberación sexual se consigue poniendo nuestro deseo en el centro, sin presiones ni chantajes.

Ahora tendremos que firmar un contrato para follar

TE LO DESMONTO CON TRES ARGUMENTOS:

1. Esta frase ridiculiza la idea del consentimiento sexual, lo lleva a un extremo absurdo y rehúye el fondo del problema.

2. Se sigue sin entender la idea: yo puedo decir que sí y luego, que no. Se puede cambiar de opinión y debemos aceptarlo.

3. Parecen más preocupados por atacar a las feministas que por hacerse cargo de la violencia sexual.

Cada vez que se mediatiza un caso de agresión sexual, especialmente si involucra a famosos y si se pone en duda el relato de la víctima, aparece esta frase. Su origen lo podríamos marcar justo después de la Ley Orgánica de Garantía Integral de la Libertad Sexual (la ley del solo sí es sí), donde el consentimiento se sitúa en el centro de la conversación.

Decir: «Ahora tendremos que firmar un contrato para follar» busca ridiculizar la idea del consentimiento, las consignas feministas y rechazar el señalamiento de la violencia sexual. Esta frase presenta problemas conceptuales muy graves.

Primero, **es una burla hacia todas las medidas que buscan prevenir la violencia sexual**, que es algo estructural y sistémico. Minimiza la importancia del consentimiento, como si fuese un trámite burocrático absurdo, invisibilizando todo el contexto de violencia sexual que hay detrás. Lo único bueno es que nos pone mucho más fácil identificar dónde están los machirulos porque, a los personajes que dicen esto, ¿de verdad creéis que les preocupan las agresiones sexuales?

La idea de fondo es que pedir consentimiento, algo básico en cualquier relación sexual, se percibe como una complicación innecesaria, como algo antinatural o incómodo y alejado de la espontaneidad del sexo.

Segundo, muchas veces se ha interpretado como una «cortada de rollo» que alguien te haga preguntas en medio de una relación sexual. ¿Estás bien? ¿Te está gustando? ¿Te está doliendo? Esto es un grave error. El sexo ha de ser un espacio de cuidados, algo que curiosamente no ocurre en el porno, donde la teatralización que se muestra del sexo está centrada en la agresividad y la violencia. La comunicación es fundamental.

Normalicemos hacernos preguntas y preocuparnos por nuestra pareja sexual. Me parece innecesario decirlo, pero visto el panorama lo haré: **cuando tu pareja te dice que no, es que no**. No hay dobles interpretaciones ni quiere decir otra cosa. Si no le apetece, no se hace a la fuerza, ni se la presiona, ni se la chantajea. No solo nos hemos de comunicar de forma expresa, sino que también hemos de respetar y escuchar lo que nos dice la otra persona. Quitémonos de la cabeza que comunicarnos es matar la espontaneidad o la magia del momento.

Tercero, tener dudas sobre qué es tener sexo y qué cometer una agresión es grave. La esencia de la frase es: «Como no puedo identificar cuándo es consentido y cuándo no, mejor dejarlo por escrito». Esta es una interpretación inocente, que aún denota una falta de educación sexual importante. Pero la interpretación más realista es: «Como una mujer puede poner denuncias falsas y acusarme de haberla agredido, mejor dejarlo por escrito». Qué triste.

Yo puedo querer una cosa y luego cambiar de idea. A mí me puede apetecer muchísimo hacer X práctica sexual y que en el momento me empiece a doler y quiera parar. ¿Qué pasa, que como he dicho que sí ahora me aguanto y lo tengo que hacer? Es absurdo. Pero no hace falta recurrir al dolor como argumento para dejar de querer algo. Es que directamente puedo cambiar de opinión y eso está bien. Aquí lo que cuenta es que, si en algún momento alguien quiere parar, ese deseo se ha de respetar.

Lo más perturbador de todo es darnos cuenta de **los grandes vacíos que hay en términos de educación sexual en la población**. Especialmente, la falta de interés de muchos hombres en querer construir relaciones sexuales sanas e igualitarias. Porque la información está, tenemos la suerte de formar parte de una generación que ha dispuesto de acceso a píldoras de educación sexual, y estamos expuestas a muchísimo contenido al respecto. Así que todo es ponerse.

Conclusión: el consentimiento no es una carga, sino una responsabilidad compartida, y evitarlo solo refleja el miedo a asumir una relación más horizontal y respetuosa en el ámbito sexual. Si queremos apoyar la liberación sexual de las mujeres debemos dar valor a nuestros deseos y dejar de ser objetos para empezar a ser sujetos.

NUESTRA RESPUESTA:
OLVÍDATE DE CONTRATOS Y CÉNTRATE EN NO AGREDIR.

Si te vistes así, luego no te quejes

TE LO DESMONTO CON TRES ARGUMENTOS:

1. La culpa de una violación es de quien la comete, no de la víctima.

2. La forma de vestir, comportamientos previos o que exista una relación de pareja no significa que haya consentimiento. Consentir es decir: «Sí».

3. Una violación puede ocurrir en cualquier circunstancia. La idea de que por ir vestida de una forma y no de otra tienes «más papeletas» de sufrir una agresión sexual es responsabilizarnos a nosotras.

Si lo llamamos «cultura de la violación» es por algo. No son casos aislados, se trata de una estructura formada por agresiones, conductas, excusas y expresiones como esta. Porque cuando alguien le pregunta a una víctima de agresión sexual cómo iba vestida en ese momento, está responsabilizándola de lo que le ha ocurrido, como si llevar una minifalda, una camiseta apretada o con escote fuera justificativo de sufrir una agresión sexual.

Frases así pintan a los agresores como si fueran Ulises: ellos solo quieren llegar a casa tranquilos, pero los cantos de las sirenas se lo impiden. ¡Si al final nos van a tener que dar pena! Como si la víctima «lo estuviera pidiendo». **¿Quién se**

puede creer que alguien quiere que la violen? ¿Qué idea romantizada o perversa de las violaciones tienen los que defienden que hay gente que lo pide? El porno hace mucho daño.

La idea de que vestirse de una forma u otra atrae o ahuyenta a los violadores es falsa. La muestra «¿Qué llevabas puesto?», que se exhibió en la Universidad de Kansas en 2018, incluía 18 atuendos reales de víctimas de agresiones sexuales. Lo que se exponía no eran minifaldas provocativas ni tops reveladores. Había de todo: tejanos, uniformes de trabajo, ropa infantil… La realidad es que no importa cómo vayas vestida; una agresión sexual nunca depende de eso.

Esta mentalidad de culpar a la víctima, de cuestionar su vestimenta o su comportamiento solo pretende liberarse de la incomodidad de tener que admitir que **el único culpable de una agresión es el agresor.** Cuando la sociedad sigue preguntándote: «¿Por qué subiste a su casa?», o «¿por qué te vestiste así?», lo que realmente dice es: «Algo habrás hecho para que te pasara». Es un caso claro de revictimización, en el que la víctima es víctima del delito y también de la incomprensión de la sociedad o del sistema. Este tipo de mensajes se instalan tan a fondo en nuestro sistema de creencias que muchas de nosotras nos sorprendemos justificándolo y pensamos cosas como: «Si no quería acostarse con él, ¿para qué se fueron juntos?», o «quizá si no hubiera bebido tanto…». Pero hay que entender que estas ideas, que nos pueden venir a la mente de forma casi automática, no nacen con nosotras, sino que son fruto de la cultura patriarcal en la que vivimos. Reconocer su existencia es el primer paso para deconstruirlas.

Parece obvio, pero es necesario decirlo en voz alta: si un hombre agrede sexualmente, toda la responsabilidad está en su tejado. Culpar a la víctima es tan absurdo como culpar a una persona a la que roban por llevar el móvil en la mano. Además, si seguimos con la dinámica de responsabilizar a la víctima, estaremos educando a las mujeres para que se «protejan más», en lugar de enseñar a los hombres a no violar.

Aunque pueda parecer una obviedad, no agredir sexualmente a alguien pasa por obtener su consentimiento. Y ese consentimiento no es ni una falda corta, ni haberos estado besando ni tener una relación. **El consentimiento es que ambos digáis: «Sí» de manera informada.** Veamos cómo funciona y por qué es necesario que esté siempre en el centro cuando hablamos de sexo. Imagínate esta escena: una chica conoce a un chico en una discoteca y deciden follar. Ambos quieren, ambos consienten. Todo bien. Pero durante el acto él empieza a comportarse de forma superagresiva, imita escenas de pornografía violenta, la golpea y la penetra de una forma que le causa dolor. Ella se siente incómoda, deja de disfrutar y le dice que no quiere seguir. Pero él la ignora y continúa. Aunque la relación empezó con un «sí», al ignorar el «no» que vino después él está cometiendo una agresión sexual.

Y realmente tampoco necesitamos tanta justificación, no hace falta imaginar una escena donde ocurre algo violento para entenderlo. Si en medio de una relación sexual alguien quiere parar, se para. No hay debate. No hacen falta motivos. Un no es un no.

Tenemos que meternos en la cabeza que **un «sí» a una relación sexual no es un «sí» a todas las prácticas**, de la misma forma que haber tenido relaciones sexuales consentidas con alguien en el pasado no significa que siempre se vaya a querer tener relaciones con esta misma persona. Hay muchas mujeres que sienten una fuerte presión por parte de sus parejas a la hora de aceptar prácticas sexuales que no desean, como por ejemplo la penetración anal, tan glorificada en el porno. Muchas veces acaban aceptando llevarlas a cabo por la insistencia del otro… Sin embargo, **consentir bajo presión o amenaza no es consentir, como tampoco lo es haber follado en el pasado con esa persona**.

> **NUESTRA RESPUESTA:**
> # NO TE PREOCUPES POR CÓMO VOY VESTIDA, PREOCÚPATE POR NO SER UN VIOLADOR.

Si no querías nada, ¿por qué subiste a su casa?

TE LO DESMONTO CON TRES ARGUMENTOS:

1. Que vaya a tu casa no significa que quiera follar, significa que quiero ir a tu casa. Y si quiero follar te lo diré o lo iniciaré yo.

2. Esta frase pretende responsabilizar a las mujeres de haber sufrido una agresión sexual, culpándonos de ponernos en situación de riesgo.

3. Nada justifica una agresión sexual, ni subir a su casa ni llevar minifalda.

Esta frase refleja un problema profundo de falta de educación sexual. Quedar con alguien, ir a su casa, hasta dormir con esa persona no significa querer follar. Y es que este es un ejemplo clarísimo de cómo nuestra palabra no se tiene en cuenta. **Si digo que no, da igual si estoy en tu casa, en tu habitación, si llevo minifalda o tengo un cuello alto.** Te estoy diciendo que no.

La frase asume que, al aceptar subir a casa de alguien (un hombre), una mujer da su consentimiento implícito para tener relaciones sexuales o está de acuerdo con que ocurra algo sexual. Es una especie de acuerdo tácito que muchísima gente tiene grabado a fuego en la mente.

Que quede claro: yo puedo querer algo y que me deje de apetecer. El consentimiento se puede retirar y la línea del abuso se traspasa cuando no se acepta un «no» como respuesta. De fondo, se valida la idea de que una cita, una invitación o cualquier interacción íntima debe desembocar en sexo, negando lo que queremos o decimos. Que vaya a tu casa no significa que quiera follar, significa que me apetece ir a tu casa. Y si quiero follar te lo diré o lo iniciaré yo.

Además, entramos en un juego macabro de interpretaciones. Las interpretaciones son subjetivas, y por eso es tan importante la comunicación; algo tan fundamental como el consentimiento no puede quedar sujeto a una interpretación. ¿Qué un hombre me invite a su casa es que quiere tener sexo? ¿En serio? **Alimentar esta idea de que los hombres son seres incapaces de controlar su deseo sexual es, literalmente, fomentar la cultura de la violación.**

Vale, puede ocurrir que interpretemos mal las señales. Muchas veces podemos leer mal una situación y creer que la otra persona quiere algo, cuando la realidad es que no. Por eso existe algo tan útil como la comunicación, a disposición de cualquiera y que te evita, entre otras, dar las cosas por hecho. Mira qué fácil: preguntar y si nos dicen que no, pues es que no.

Esta frase aparece en un contexto muy concreto, cuando ocurre una agresión sexual y en vez de señalar al agresor se intenta justificarlo y poner el peso en la víctima. Como si ella fuese la culpable de lo que le ha ocurrido. Al preguntar «si no querías nada, ¿por qué subiste a su casa?», se establece un juicio social en el que la mujer debe justificar su conducta y probar su inocencia. Ya lo dijo Gisèle Pélicot: «Siento que se me está juzgando a mí, en vez de a todos los agresores que tenéis delante».

El problema más grave que subyace es **responsabilizar a las mujeres de sufrir una agresión sexual**. La carga recae en nosotras, puesto que hemos de anticipar y evitar cualquier situación en la que se presuponga algo que no deseamos. Siempre se nos señala a nosotras y se nos pone un peso que, sinceramente, no nos toca. Mientras que hemos de estar alerta para evitar situaciones de riesgo, a ellos se les exonera de no haber obtenido un consentimiento claro y explícito.

Parece que no se tiene en cuenta que quienes han cometido una agresión son ellos. Esta mentalidad minimiza el papel activo del hombre en la relación, presuponiendo que su deseo es algo inevitable, y refuerza la culpa y la vergüenza al asignarnos responsabilidad en una situación de violencia donde nosotras somos las víctimas.

Cuando analizo estas cosas pienso «es que a las lesbianas no nos pasa». Obviamente en relaciones lésbicas puede existir maltrato y violencia, pero todo este terreno de la violencia sexual está muy concienciado por cómo los hombres han socializado en torno al sexo. Por esta idea que transmite el porno de imponer sus deseos, de no aceptar un «no» como respuesta, de vernos como objetos que han de satisfacer tus necesidades. En fin, por no ver a las mujeres como sujetos.

No se puede decir más claro: si invitas a una chica a tu casa, con la idea de follar y al final no pasa, NO OCURRE ABSOLUTAMENTE NADA. No es ningún tipo de justificación para cometer una agresión.

> **NUESTRA RESPUESTA:**
> ## PACO, QUE SUBA A TU CASA NO SIGNIFICA QUE QUIERA FOLLAR.

Quien la sigue la consigue

TE LO DESMONTO CON TRES ARGUMENTOS:

1. Esta frase romantiza la insistencia y el acoso e invita a los hombres a no entender un «no» como respuesta.

2. Parece que no importan nuestros deseos o gustos. Si decimos: «No», da lo mismo, no será respetado.

3. «Seguir» y «conseguir», dos verbos que hemos de evitar a toda costa cuando hablamos de ligar.

Todas hemos oído esta frase, me juego el cuello. Es tan común y tan preocupante que no sé ni por dónde empezar. Lanza unos mensajes profundamente turbios que hay que desgranar poco a poco.

Lo primero que está mal es que se dibuja un escenario donde «conseguir» a una mujer depende únicamente de la actitud del hombre. No se acepta un «no» como respuesta: si el hombre se esfuerza y despliega bien sus dotes de conquista, el trofeo será suyo. Básicamente, nos plantea una lógica de acoso y derribo, en la que el cazador ha de saber apuntar bien a su presa.

Que no se acepte un no como respuesta es grave porque de ahí extraemos la idea de que nuestros deseos, gustos y apetencias dan igual. Nosotras no importamos, simplemente somos el objeto a conseguir. Aquí tenemos una prueba más de cómo el sistema nos relega a un segundo plano y nos deshumaniza. Si nuestros gustos dan igual, ¿cuál es nuestro rol en todo esto?

El verbo «conseguir» es repugnante. Consigues un premio o un trofeo, no a una persona. Este verbo refuerza una dinámica de poder en la que el éxito recompensa el esfuerzo de quien persigue, mientras que nosotras somos tratadas como una meta alcanzable, sin voz propia, como si fuésemos un trofeo en un videojuego. Esto se suma a las dinámicas de ligar en relaciones heterosexuales, donde tradicionalmente se espera que el hombre persista y la mujer termine cediendo. El hombre tiene la iniciativa, es el sujeto activo, y nosotras decimos que sí o que no. Pero si decimos que no, no se interpreta como algo definitivo, sino como un reto.

De esta forma, el verbo «conseguir» perpetúa una visión cosificadora y posesiva en la que una persona es el premio de otra, reduciendo las relaciones a transacciones. En lugar de interacciones entre iguales, tenemos un juego del gato y el ratón, una batida de caza, una búsqueda del tesoro. Cualquier pensamiento antes que un reparto de poder en el que sean dos personas las que decidan el final.

Pero sigamos analizando la frase porque el concepto «seguir» da bastante miedo. ¿Qué significa «seguir»? ¿Qué conductas se están incitando? Llamadme malpensada, pero esta frase romantiza el acoso. Esta idea extraña de que si te pones pesado te la «acabas follando» no es una exageración, es literalmente lo que han interiorizado algunos hombres.

No sé si os habrá pasado o conocéis a amigas que hayan estado en estas situaciones, pero yo he escuchado de muchas mujeres heteros que han terminado teniendo sexo con un tío debido a su insistencia. Lo explicaban casi de broma, como quitándole importancia. Por una parte, entiendo el mecanismo de defensa. Pero ni es una broma ni una anécdota sin importancia. Es gravísimo y debemos problematizarlo. ¿Realmente ellas querían acostarse con ese chico?

Y lo más grave de todo es lo normalizado que está y cómo se enmarca en los mitos del amor romántico, que **dan forma a todo un entramado de frases que moldean nuestra visión sobre el amor, un amor deformado por el machismo**. Lo vemos en miles de películas y series, como *Romper el círculo*. Cuando el tío está en plan conquista absoluta con la chica y ella misma se va «haciendo la dura» disfruta esas conductas de él, de literalmente ir detrás de ella.

La realidad es que se nos ha vendido como romántico cuando un tío «se esfuerza», y el propio sistema ha fomentado que muchas veces entremos en el juego de estas dinámicas, causando que no seamos claras con nuestros intereses para que la otra persona «vaya detrás» y nosotras lo interpretemos como una muestra de amor. En realidad, lo que queremos es que los tíos dejen de acosar y respeten nuestro «no». **No interpretemos la insistencia como una muestra de amor** porque lo que da es miedo.

NUESTRA RESPUESTA:

PACO, LA INSISTENCIA ES ACOSO. NO QUEREMOS QUE NOS SIGAN NI QUE NOS CONSIGAN.

Cuando en una relación no hay sexo, es que algo va mal

HIJO SANO DEL PATRIARCADO

TE LO DESMONTO CON TRES ARGUMENTOS:

1. Esta frase de forma inconsciente nos coloca una presión y obligación por practicar sexo con nuestra pareja.

2. Ignora nuestro deseo y ganas. Se prioriza estar bien con la pareja antes que nuestras ganas de follar.

3. Solo hemos de tener relaciones sexuales cuando nos apetezca; podemos desear a la persona y no querer follar en ese momento.

Diría que, de todas las frases de este libro, es la más normalizada. La que más mujeres y hombres que estén leyéndolo pensarán: «Esto lo he dicho más de una vez». Muchos directamente se preguntarán: «¿Qué hay de malo en esta frase?».

Siempre se nos ha dicho que el sexo es superimportante, situándolo en el centro de nuestras relaciones afectivas e interpreta su ausencia como una señal inequívoca de crisis. Así que, cuando en una pareja no hay relaciones sexuales, es que algo va mal.

El problema de este mantra es que nos coloca una presión para tener relaciones sexuales que acabamos interiorizando y ejerciendo nosotras mismas. De alguna forma se nos invita a priorizar la supuesta salud de nuestra relación a nuestras ganas y deseos. Nos empuja a hacerlo sin ganas, algo que me parece contraproducente. Considero que el verdadero síntoma de que algo va mal en la relación es cuando nos vemos obligadas a tener relaciones sin ganas. Y forma parte del núcleo de la cultura de la violación, una cultura que nos enseña a menospreciar nuestros deseos, provocando que cualquier cosa sea más importante.

No hace falta que nos presione nuestra pareja de forma directa, que en muchos casos sí ocurre; existen múltiples presiones más sutiles. A veces, incluso, las ejercemos nosotras mismas. No porque nos apetezca, sino porque hemos asimilado y normalizado frases como esta. Desde el feminismo queremos colocar nuestro placer sexual en el centro. Y reitero, follar sin ganas no aporta nada bueno.

¿Qué pasa con el deseo? Una cosa es desear a la persona, y otra es desear follar en un preciso momento o desear unas prácticas en concreto. Yo puedo desear a mi pareja, pero que en ese momento no me apetezca. Y no pasa absolutamente nada. Que nunca se nos olvide que la mayoría de las agresiones sexuales se producen en el marco de la pareja. Es algo que nos cuesta mucho interiorizar porque asusta y da miedo. Cuando el agresor es un desconocido, nos resulta más sencillo identificar y señalar lo que ha sucedido.

Pero volvamos a la frase. Cuando la ponemos encima de la mesa automáticamente pensamos en relaciones de pareja muy largas, en las que la fase del enamoramiento ha terminado y ya no está la pasión del principio. Pero, claro, ¿quién dictamina lo que es follar mucho o follar poco? ¿Estar un mes sin follar es un problema? ¿Estar un año sin hacerlo es un problema? ¿Quién marca esa línea roja?

Pongamos ejemplos concretos: yo puedo pasar por una época de mucho estrés y que no me apetezca en absoluto follar. ¿Eso significa que mi relación de pareja va mal? Pues no. Por supuesto que no. Asumir que el sexo es el termómetro principal de la salud de una relación es una visión reduccionista que subestima otros aspectos. La intimidad se puede expresar de múltiples formas y el amor es capaz de ser sólido incluso en periodos de nula actividad sexual.

Además, en estas frases siempre entendemos que cuando no hay sexo en una relación heterosexual es porque la que tiene poco deseo es la mujer. Refuerza la expectativa de que hemos de anteponer las necesidades sexuales de nuestra pareja y cumplir con una frecuencia que, más allá de nuestro propio deseo, nos asegure una estabilidad emocional en la relación. Así acabamos sintiendo que fallamos en nuestro rol de pareja.

La visión de que una reducción en la actividad sexual necesariamente indica una crisis de pareja también estigmatiza el «no-deseo» como algo negativo, patologizando la falta de sexo en lugar de entenderla como un componente normal en la vida de cualquier persona. Yo aquí siempre me pregunto: ¿qué pasa con la gente asexual o que tiene poca libido? ¿Significa que estas personas nunca podrán tener una relación sana y sólida?

Conclusión: interioricemos que para tener sexo ha de haber deseo. Sea cual sea el contexto. Y que, si no tenemos ganas, si no nos apetece, no hay ningún problema. Hacerlo por presión social solo nos hará entender el sexo como un trámite, como una obligación, generando más apatía y desgana. No estamos fallando como pareja porque una pareja no te debe sexo.

NUESTRA RESPUESTA:
SOLO HEMOS DE TENER RELACIONES SEXUALES CUANDO NOS APETEZCA.

Hay que forzar la máquina

TE LO DESMONTO CON TRES ARGUMENTOS:

1. Que hablando de sexo aparezca la palabra «forzar» ya nos ha de hacer sospechar.

2. Ni el sexo, ni el deseo ni el consentimiento se fuerzan.

3. Esta sociedad ve más grave que en una relación no haya sexo que el hecho de que una mujer esté presionada para follar.

Esta frase es una derivada de la anterior, pero introduciendo matices que la hacen aún más problemática. No solo se nos dice que cuando en una relación de pareja no hay sexo es que algo va mal. También se nos enseña a que a veces «hay que forzar un poco la máquina», invitándonos directamente a hacer algo que en ese momento no nos apetece.

Repetid conmigo: en el sexo no se ha de forzar nada. Que se emplee la palabra «forzar» ya nos debe causar la sospecha de que algo no está bien del todo. **El sexo no se fuerza, ni las ganas ni el deseo.** Porque cuando estamos forzando ya no podemos hablar de sexo, automáticamente pasamos a nombrarlo de otra forma. Y quiero evitar usar palabras como «abuso» o «agresión» porque considero que tienen una connotación tan fuerte que puede ser contraproducente emplearlas en este contexto.

Vamos al origen del tema: no le debemos sexo a nuestras parejas. Tener pareja no es una carta blanca para satisfacer tus deseos sexuales. De esta forma, solo se consigue invisibilizar lo que nosotras queremos. Una vez más, el placer femenino se oculta, no interesa, a pesar de que la única razón que se argumenta para «forzar la máquina» es que el hombre sí merece ese placer. Sin embargo, lo más importante del sexo es que ambas partes disfruten. Si te fuerzas y lo haces sin ganas, eso sí que es un problema.

Todo esto forma parte de la cultura de la violación, que nos presiona para tener relaciones sin quererlo ni desearlo y **nos enseña que nuestros deseos son secundarios**, ejerciendo presión para que lo hagamos. Acabamos interiorizando esa presión y somos nosotras mismas las que pensamos: «Soy mala novia si no lo hago», o «le quiero dar placer, da igual lo que a mí me apetezca», y aceptamos prácticas que de otra forma no aceptaríamos.

Existen muchas formas de recibir presión: de la sociedad diciéndonos que somos malas novias si no complacemos sexualmente, de nuestras parejas de forma directa —«o follamos o me voy con otra»—, o de forma indirecta —«¿es que ya no te gusto?, ¿ya no te pongo?»—. Y también una presión ambiental —«si le digo que no, se enfadará, le haré daño»— o incluso cuando creemos que lo hacemos por nosotras —«así no tendremos un conflicto»—.

Hemos normalizado algo que nunca debería haber sido normal, que es follar sin ganas. **El sexo no es un derecho, nadie se muere si no folla.** Y se ha de cumplir una condición: ambas partes lo deben desear. El feminismo va de esto, poner encima de la mesa nuestros deseos. Priorizarlos y hacer que sean condición necesaria para que se produzca una relación sexual. Porque hasta ahora no ha sido así, ya que nuestros deseos nunca han importado. Y porque separar el sexo del deseo es una aberración conceptual y es la puerta de entrada a la cultura de la violación.

NUESTRA RESPUESTA:
EN EL SEXO NO HAY QUE FORZAR NADA.

Si una mujer dice que no, realmente es que sí

TE LO DESMONTO CON TRES ARGUMENTOS:

1. Si decimos que no es que no, y si queremos decir que sí diremos que sí.

2. Ya basta de quitarnos poder de decisión e infantilizarnos.

3. Esta frase es la esencia del machismo y la puerta de entrada a todo tipo de violencias.

Bienvenida a las entrañas de la bestia. La frase que acabas de leer es un ejemplo claro de la esencia del machismo y forma parte de su ADN. Básicamente, nos explica que, cuando una mujer dice que no, no hay que tomárselo en serio. Que existe un juego extraño en la comunicación de nuestros deseos y que, digamos lo que digamos, ellos entenderán lo que les apetezca. Pensadlo un momento: si decimos que sí, es que sí, pero si decimos que no, también es que sí. Entonces ¿nunca existe la posibilidad de no querer algo?

Esta frase nos infantiliza, nos quita el poder de decidir y provoca que ni se nos escuche ni se nos haga caso. **Trivializa el concepto de consentimiento y refuerza actitudes que nos deshumanizan y cosifican.** Menudo combo, ¿verdad? Es como pulsar todas las teclas del mando a la vez en el *Street Fighter*. Decir algo así refleja que nuestra voluntad está sujeta a su interpretación y no hace falta ser un lince para ver que son las bases de la cultura de la violación y la violencia machista.

> **@UsuariodeX**
>
> No sé en qué puto siglo vais a entender que cuando una chica os dice que no, es que NO, por mucho que haya dudado, aunque en un pasado os haya dicho que sí. Si te dice que NO, déjala en paz, déjala tránquila, no seas un puto babas colega.
>
> ○ 146   ⟲ 1,4k   ♡ 2,3k   ↑   🔖

La idea de que «no» significa «sí» atenta contra el consentimiento libre y explícito, que es fundamental para cualquier tipo de relación y más si hablamos de relaciones sexuales o de pareja. El mensaje realmente es perverso: nuestras palabras son ambiguas, pueden ser negociadas e interpretadas. Normaliza la idea de que si nos negamos a algo no tiene por qué ser definitivo y se nos ignorará hasta que terminemos aceptando. Esto abre paso a la insistencia y al acoso, y encima construye una coartada conceptual: «Dijo que no, pero realmente quería decir que sí».

Lo que hay detrás de esta frase es superchungo: se construye una narrativa en la que nuestro rechazo se entiende como un reto a superar. Nuestro «no» es un obstáculo y un juego, y su rol es saltárselo y pasarse la partida. Y, encima, con la tergiversación de que realmente queríamos eso. Si decir «no» no es suficiente, ¿qué hemos de hacer para que entiendan que *no queremos*?

Porque de aquí salen las típicas frases de jueces en casos de agresiones sexuales, preguntas como: «¿Cerraste bien las piernas?». **Hemos de escenificar el «no» con todas las partes de nuestro cuerpo porque nuestras palabras no son suficientes.**

Y no me hagas hablar de otras frases como: «Qué complicadas son las mujeres». *Amore*, no somos complicadas, el tema es que nuestras palabras siempre se ponen en duda. Se nos dibuja como si fuésemos seres incapaces de expresar nuestros deseos o poner límites —curioso, eh, parece que es lo que el sistema quiere de nosotras— y sobrevuela la idea de que nuestras palabras no se pueden tomar al pie de la letra. Somos figuras que han de ser descifradas o convencidas, y los hombres son quienes nos entienden e interpretan lo que queríamos decir. Todo mal.

Si llevamos a cabo un análisis más global del asunto, vemos problemas clarísimos de comunicación y de confianza en cualquier tipo de pareja o relación personal. Lo que nos viene a decir que la literalidad ya no importa, lo que aporta significado es tu interpretación subjetiva de las cosas. Es decir, no es relevante lo que una mujer diga, lo que realmente es válido es la interpretación que haga el hombre de sus palabras. ¿Qué clase de relación es esa? Donde A significa B y encima solo una parte de la pareja tiene potestad de definir lo que es y lo que no.

Si decimos que no, es que no. Y si queremos decir que sí, diremos que sí Pero nuestras palabras no son jeroglíficos abstractos que solo los hombres pueden descifrar.

NUESTRA RESPUESTA:

SI UNA MUJER DICE QUE NO, ES QUE NO.

3.
LA ESENCIA DEL MACHISMO

El machismo sobrevive porque se reinventa y cambia de disfraz, pero su esencia sigue siendo la misma.

El peor enemigo de una mujer es otra mujer

TE LO DESMONTO CON TRES ARGUMENTOS:

1. Oh, sorpresa, las mujeres somos las villanas del cuento otra vez.

2. ¿La mitad de la humanidad tiene un peor enemigo? ¿Que además somos nosotras mismas? No sé, suena absurdo.

3. Esta frase pretende potenciar la idea de rivalidad entre mujeres.

«Las mujeres os criticáis entre vosotras», «el peor enemigo de una mujer es otra mujer»… ¡Llevamos toda la vida escuchándolo! El objetivo es hacernos creer que nuestro enemigo principal son las mujeres, desviando el foco de la violencia y la opresión que sufrimos, y —oh, sorpresa— presenta de nuevo a las mujeres como las villanas del cuento.

Y, oye, que las mujeres no somos seres de luz; las hay abusivas, malvadas y que hacen daño. Pero es que realmente no le encuentro ningún sentido a esta frase. ¿Media humanidad tiene un archienemigo? ¿Y lo somos nosotras mismas? No sé, es extraño que una frase tan estrambótica haya calado tanto. Porque eso de la «mala mujer» ya se ha quedado bastante rancio.

Vamos a analizar un poquito más qué esconde todo esto. Además de escurrir el bulto con la violencia machista y minimizarla, el tema principal de esta frase es la rivalidad entre mujeres. ¿Qué manía tiene el sistema con hacernos competir siempre? **¿Por qué en los hombres se llama «competición» y en nosotras «rivalidad»?** Porque sí, la competitividad entre hombres está aceptada y se lee como algo sano, en ellos ser ambiciosos y competitivos está bien visto.

Pero en nosotras funciona diferente: dos mujeres no compiten, sino que son rivales. Aquí la rivalidad se entiende como algo negativo, tóxico y dañino, algo que va a lo personal. Históricamente, la sociedad ha fomentado esta rivalidad en temas como la belleza, el éxito profesional o las relaciones de pareja. El típico Britney Spears *versus* Christina Aguilera, Taylor Swift *versus* Katy Perry, o un ejemplo de aquí, lo que hemos visto con Amaia y Leire de La Oreja de Van Gogh.

> **@UsuariodeX**
>
> «El **peor enemigo de una mujer**, es **otra mujer**», cita el dicho… Porque a un hombre promedio nos enseñaron a voltear a otro lado cuando **una mujer** exhibe su cuerpo, para no hacerle sentir incomoda. Pero entre mujeres ven esto y ya le dicen hasta **de** que va a morir, a sus espaldas…
>
> 💬 146   🔁 1,4k   ♡ 2,3k   ⬆   🔖

Tenemos millones de ejemplos que lo muestran, y donde se ve muy claro es dentro del feminismo. A las feministas se nos han dicho que nos peleamos entre nosotras y que el feminismo «está fracturado». Siempre me ha dado mucha rabia; el feminismo no está dividido, es un movimiento que como mínimo interpela a la mitad de la humanidad. ¿Por qué no se nos permite tener diferentes opiniones? ¿Por qué no se entiende como algo sano que haya distintas corrientes? Cualquier movimiento que abogue por e pensamiento único es digno de sospecha.

Volviendo a la frase, la narrativa de «las mujeres son su propio enemigo» también intenta ocultar la tradición de sororidad y apoyo que ha sido central en los movimientos feministas. A lo largo de la historia, las mujeres hemos luchado conjuntamente por los derechos civiles, el sufragio, la educación y la libertad sexual. Mientras que la sociedad patriarcal fomenta la división y rivalidad entre nosotras, **el feminismo promueve la sororidad**. Y esta frase intenta que lo olvidemos.

Por lo tanto, no, el peor enemigo de la mujer no es otra mujer. Es el patriarcado. Ese sistema que nos ha hecho creer que somos inferiores, mientras que los hombres son superiores y tienen poder sobre nosotras. Así que no perdamos el foco. Estos mantras que nos han repetido no esconden nada más que antifeminismo. Es un intento desesperado para que las mujeres no nos unamos. Así que la forma de combatirlos es llevar a la práctica la sororidad y hacerlos ver a que detrás de todo esto lo que hay es misoginia.

NUESTRA RESPUESTA:
EL PEOR ENEMIGO DE UNA MUJER ES EL MACHISMO.

Las cuotas discriminan a los hombres

TE LO DESMONTO CON TRES ARGUMENTOS:

1. Las cuotas son un parche, no son un horizonte feminista ni solucionan la raíz del problema. Pero no hacer nada significa nuestra exclusión de estos espacios.

2. La paridad no discrimina a los hombres.

3. Apelar a la meritocracia cuando no hay igualdad de oportunidades es un insulto a nuestra inteligencia.

Este pensamiento está muy instaurado y vemos intensos debates en las redes sobre las cuotas y la supuesta discriminación que se aplica a los hombres. Para desmontarlo, vamos al origen: las cuotas intentan corregir una situación de partida perjudicial para las mujeres. **El objetivo es acabar con una desigualdad preexistente y persistente en el acceso a ciertas posiciones de poder, influencia y decisión.**

Históricamente se nos ha negado la entrada a esos espacios; no es que no lleguemos porque no somos válidas, es que nunca hemos estado porque tradicionalmente los han acaparado los hombres. Estas medidas se justifican porque buscan corregir una desventaja histórica.

Pero démosle una vuelta, ¿exigir que haya un 50 % de hombres y un 50 % de mujeres es discriminar? Que, además, si miramos las leyes de cuotas, en la mayoría dice que como mínimo ha de haber un 40 % de mujeres. ¡Ni siquiera la mitad! Y, aun así, ¿la paridad es discriminatoria?

Y que quede claro: las cuotas son un parche. No es un horizonte feminista porque no soluciona el problema de raíz. Aplicar una ley de cuotas no resuelve ningún problema estructural, es forzar una paridad que realmente no existe. A corto plazo es la mejor solución para introducir a las mujeres en espacios donde literalmente no se nos ha dejado participar. Y no hacer nada significaría que habría cero mujeres en esos espacios.

Una de las mayores críticas que reciben las leyes de cuotas paritarias es el llamado a la meritocracia. ¿Qué pasa con la meritocracia? ¿Y si estamos dejando pasar a mujeres mediocres cuando hay hombres que valen más? Amigos, **para que haya meritocracia ha de haber igualdad de oportunidades**.

En un sistema que no es justo, donde no partimos todos de la misma base, hablar de meritocracia es un chiste de mal gusto. Claro que es un escenario deseable, todas queremos un mundo donde, si te esfuerzas más, tienes más posibilidades de conseguir algo. El problema es que para que eso se produzca necesitamos igualdad de oportunidades. Todos y todas hemos de empezar en la misma casilla de salida, ya que si no es un insulto a nuestra inteligencia.

Pongamos un ejemplo para que se entienda bien: esto es como una carrera de 300 metros, en la que los hombres empiezan a correr siempre 100 metros más adelantados que las mujeres. Ellos siempre llegan primero a la meta porque su recorrido para alcanzar la victoria es mucho más corto. Pero el relato que se instaura es que ganan porque corren más rápido.

Lo que no te dicen es que **con las cuotas también se tienen en cuenta los méritos, pero garantizando que haya una igualdad de hombres y mujeres**. La meritocracia es importante, aunque lo primero que hemos de asegurar es que no haya sesgos que perpetúen nuestra exclusión.

Sobre el fantasma de la mediocridad y la acusación de que con las cuotas estaremos dejando pasar a mujeres mediocres que no merecen estar ahí, vayamos por partes. Siempre ha habido hombres mediocres en el poder, en puestos de responsabilidad, toda la vida. Enchufados, «hijos de», o amiguitos del jefe. Empezando por Carlos Mazón, presidente de la Generalitat Valenciana y responsable directo de la mala gestión con la DANA en Valencia. Espero que cuando se publique este libro ya estemos hablando del «expresidente» de la Generalitat Valenciana.

A la que una mujer llega al poder o a cúpulas directivas, automáticamente se sitúa la sospecha sobre ella. «Trepa», «lagarta» o «enchufada» son adjetivos que se usan bastante para describirlas. Aunque no se estén aplicando leyes de cuotas paritarias, siempre sobrevuelan las dudas sobre nuestras capacidades o nuestra forma de haber logrado ascender. Uno de los potenciales problemas de aplicar una ley de cuotas es este: la estigmatización de las mujeres que consigan sus puestos de trabajo beneficiándose de esta ley. Pero ese estigma existirá siempre porque realmente lo que les molesta es que las mujeres estemos ahí.

Otro de los impactos positivos de aplicar leyes de cuotas es la visibilidad. Ver a mujeres que juegan al fútbol, presiden ayuntamientos, son electricistas, astronautas o lideran un país nos viene a decir que podemos hacerlo. Y **es necesario poner en valor la importancia de la visibilidad en la construcción de nuestras narrativas vitales**. ¿Cómo voy a querer ser futbolista si el fútbol ha sido cosa de hombres? ¿Cómo voy a querer ser presidenta del país si solo ha habido hombres? Que las mujeres no estemos en ciertos espacios lanza un mensaje muy significativo para las niñas y adolescentes.

La construcción de nuestros objetivos vitales parte de la idea de sentirnos capaces de hacerlo. Si solo vemos espacios de hombres no sentimos que eso vaya con nosotras. Por este motivo las cuotas tienen un impacto brutal, más allá de asegurar la paridad. A largo plazo, ayudar a cambiar la cultura y las expectativas sociales.

¿Cuál es la conclusión? Que el objetivo final de las cuotas paritarias es alcanzar un punto en el que ya no sean necesarias porque se habrá conseguido la igualdad de oportunidades.

> **NUESTRA RESPUESTA:**
> # IGUALAR A HOMBRES Y MUJERES NO DISCRIMINA A NADIE.

#NotAllMen

TE LO DESMONTO CON TRES ARGUMENTOS:

1. Que todos los agresores sexuales sean hombres no significa que todos los hombres sean agresores.

2. Prácticamente todas las mujeres hemos sufrido algún episodio de violencia sexual.

3. No son unos monstruos ni unos enfermos. Los agresores sexuales han aprendido a comportarse así.

Esta expresión es una de las máximas representaciones del machismo moderno. Un intento de recoger el sentimiento de ciertos hombres que se ven amenazados y atacados por el feminismo. Cuando se mediatiza un caso de violencia sexual, como el de Gisèle Pélicot en Francia, sorprende ver la cantidad de personas que han usado este hashtag aludiendo: «No todos los hombres son así». De un día para otro, todo X era #NotAllMen. Y aquí hay varias cosas que analizar.

Primero, nadie está diciendo que todos los hombres sean unos agresores, violadores o maltratadores. Lo que sí decimos es que **a la gran mayoría de nosotras nos han ocurrido eventos, en mayor o menor medida, que involucran a algún hombre como agresor**. Y este es un ejercicio que os invito a hacer: ¿a cuántas mujeres conocéis que han sufrido violencia sexual? Ya sea una agresión con violencia, sin violencia, un tocamiento, un beso no consentido ni deseado, decir que parasen en medio de una relación sexual y que no lo hiciesen, que se quitasen el condón sin previo aviso…

Y ahora lanzo la pregunta al revés: ¿a cuántos hombres conocéis que hayan hecho eso? Porque hay algo que no cuadra. Todas conocemos a víctimas, pero no a los agresores. ¿Qué está ocurriendo? Nos falta la otra mitad de la información.

Afirmar que todos los agresores sexuales son hombres no significa que todos los hombres sean agresores. Esto, que parece muy obvio y básico, genera bastante revuelo cuando se comunica en las redes. Me alarma mucho que la primera reacción de ciertos hombres cuando las feministas hablamos de violencia sexual sea decir #NotAllMen. Nadie está hablando de ti. Paco, no eres el protagonista de esta historia. ¿Cómo de grande ha de ser tu ego para que te victimices en una situación así? Pero lo más llamativo es que, cuando ocurren casos como el de Errejón, los mismos hombres que decían enfadados #NotAllMen se callan.

Uno de los objetivos de esta frase es desviar el foco de lo que estamos señalando. Es no querer ver que **la violencia sexual es estructural, es aprendida y que la pornografía es la escuela y ellos, los alumnos**. No hay nada de innato en todo esto ni los agresores son unos monstruos. Este tipo de violencia es el resultado de todo un entramado: la falta de educación sexual, menospreciar el deseo de las mujeres, quien la sigue la consigue, la idea de satisfacer sus deseos por encima de todo y una visión del sexo totalmente distorsionada por culpa de la pornografía. Esto genera un caldo de cultivo que causa que la violencia sexual sea estructural.

Que quede claro, una cuestión es señalar las causas y el origen de este problema, que en este caso es social. Y otra, ignorar que hay una responsabilidad individual de la que hacerse cargo. No me sirve el discurso de «como es algo cultural, yo no tengo la culpa». Todos los hombres han sido impregnados por estos argumentos y no todos cometen agresiones. Háztelo mirar.

Por eso, decir que los agresores sexuales son unos monstruos o enfermos es deshumanizarlos y quitarles poder de decisión. Un enfermo es una víctima que no tiene control sobre su enfermedad. Aquí las víctimas somos las mujeres que sufrimos este tipo de violencia. Yo entiendo que nos parece monstruoso que se agreda sexualmente, pero detrás de estos actos hay personas. Y, como hemos visto en el caso de Gisèle Pélicot, muchos de ellos estaban casados, tenían trabajos estables, con estudios y eran padres de familia.

Para acabar con la violencia sexual toda la sociedad se debe alinear; hemos de entender la magnitud del problema y tomárnoslo en serio. Y esto nos interpela a todos y a todas porque sí, nosotras somos las potenciales víctimas y ellos son los potenciales agresores. Y sobre la idea de potencialidad me quiero extender un poco.

La filósofa Ana de Miguel lo explica maravillosamente, aunque antes de ella ya lo conceptualizó Aristóteles: cuando algo es «en potencia» significa que tiene posibilidades de convertirse en algo distinto en el futuro, mientras que «en acto» significa que ya se ha producido el cambio. Por ejemplo, en una sociedad donde todo el mundo es católico, cuando un niño nace será potencialmente católico. El niño no habla, ni razona, tampoco es católico de nacimiento, sino que el condicionamiento social causa que tenga unas probabilidades altísimas de serlo. Quizá el niño acaba siendo ateo y nunca se cumple lo que potencialmente podría haber sido.

Pues con la violencia sexual sucede algo muy parecido. **Estamos en un sistema que ha sembrado un caldo de cultivo idóneo para que ocurra este tipo de violencia.** La potencialidad no viene inherente al ser, nadie nace potencialmente agresor, el tema es que educarte en este sistema misógino tiene sus consecuencias y eleva las posibilidades de que se produzca violencia sexual.

> NUESTRA RESPUESTA:
> ## *NOT ALL MEN, BUT YES ALL WOMEN.*

Lo peor es una mujer machista

MACHIRULO EN PRÁCTICAS

TE LO DESMONTO CON TRES ARGUMENTOS:

1. Claro que existen mujeres machistas, pero no, no son lo peor. Otra vez las mujeres somos las villanas absolutas.

2. Lo peor del machismo son los feminicidios, la violencia sexual y el maltrato. Esto no lo hacen las mujeres, sino los hombres.

3. El machismo ya juzga con mayor dureza a las mujeres por todo, hasta con las actitudes machistas.

Otra vez el mismo cuento de siempre. Maléfica, la bruja de Blancanieves y ahora… ¡la mujer machista! Nada le gusta más al patriarcado que una mujer malvada. No obstante, hay mucho que explicar respecto a esta frase.

Para que un sistema de dominación tenga éxito, se necesita la complicidad del oprimido. Así que, para que el machismo se propague de generación en generación, las mujeres también deben jugar un rol. Claro que existen mujeres machistas, nadie dice lo contrario. Pero ¿de verdad son «lo peor»? ¿Peor que qué, exactamente?

Que quede claro, nadie ha nacido feminista. Todas y todos hemos interiorizado la educación machista y sexista, y nosotras mismas nos encontramos teniendo pen-

83

samientos o actitudes que se alejan bastante del feminismo. De ahí la necesidad del proceso de deconstrucción y el interés en querer desaprender toda la mierda que nos ha metido el sistema en la cabeza.

Si somos sinceras, pensar que una mujer machista es peor que un hombre machista es no entender de qué va la película. Se está atribuyendo una responsabilidad desproporcionada a las mujeres por perpetuar el machismo, **restando importancia a las estructuras patriarcales que han impuesto estas creencias a lo largo de la historia** y a las agresiones que cometen los hombres.

Esta frase es problemática porque desvía la atención de los orígenes y mecanismos del patriarcado, y se enfoca en culpar a las mujeres, cuando en realidad nosotras somos víctimas de este sistema.

En el caso más extremo, un hombre machista puede cometer feminicidios, violencia sexual o agresiones físicas. **El machismo aplica una doble vara de medir totalmente injusta** y dibuja un perfil de feminista perfecta, totalmente íntegra y coherente en la teoría y la práctica, sin espacio a ningún tipo de contradicción. De nosotras se espera un comportamiento ejemplar y, a la que te salgas de ahí, automáticamente pasas a ser el enemigo número uno de todas las mujeres.

Yo misma me he visto diciendo esta frase y, cuando me paré a analizarlo bien, pensé: «Qué estoy diciendo?». Por supuesto que me duele ver a una mujer con actitudes machistas, y lo que siento es sobre todo impotencia y lástima, igual que cuando veo a una lesbiana homófoba o a una persona racializada racista. Siempre choca mucho conceptualmente observar a alguien tirarse piedras a su propio tejado. Pero si queremos entender bien por qué ocurre esto, hemos de prestar atención a la cadena de transmisión del machismo, el racismo o la homofobia. Cualquier sistema de opresión intentará convencer a sus víctimas de que merecen estar oprimidas.

NUESTRA RESPUESTA:
PEORES SON LOS FEMINICIDIOS Y LA VIOLENCIA SEXUAL.

No tenéis en cuenta la biología

TE LO DESMONTO CON TRES ARGUMENTOS:

1. El feminismo va contra el machismo, que es una estructura social y no biológica.

2. Que haya diferencias biológicas entre hombres y mujeres no justifica que no tengamos los mismos derechos y deberes sociales.

3. Somos seres conscientes y racionales, y debemos hacernos responsables de nuestros actos. No vale achacar la violencia, la rabia y la opresión a nuestras diferencias genéticas.

«Si somos así, pues somos así. Vale ya de querer cambiar algo que está en nuestros genes. Solo tienes que fijarte en los animales. Hasta los monos saben que el que manda es el macho alfa. No estáis teniendo en cuenta la biología porque sabéis que es un hecho irrebatible».

Podría ser un resumen de la mitad de los comentarios que leo en TikTok. Cómo gusta en la *manosfera* traer a colación la biología, que suena a las grandes ligas, a verdad incontestable, a cerrar una discusión como el que golpea un mazo de juez contra la pantalla del ordenador. Y, sin embargo, este argumento está mal construido desde el principio porque responde a algo que las feministas no decimos. Por supuesto que pensamos en la biología y también **reconocemos las diferencias físicas, genéticas, hormonales y reproductivas que hay entre hombres y mujeres.** Esto es una evidencia y no es lo que hemos venido a discutir, que bastante tenemos con el trabajo que nos dan las sesenta frases que forman este libro y las muchas otras que han quedado fuera.

Lo que el feminismo defiende es que la biología no es una excusa con la que renunciar a una igualdad de género efectiva y que todos hemos de tener los mismos derechos y deberes sociales. **Nuestra lucha no es contra la biología, sino contra el machismo**, que es una estructura puramente social.

Es cierto que estos dos campos pueden estar relacionados. El origen del patriarcado está en la división sexual del trabajo debido a nuestra capacidad reproductiva, que es lo mismo que decir que nuestras diferencias físicas han sido utilizadas como base del machismo. Pero eso no significa que esas diferencias justifiquen la opresión a la mujer, sino que se han tergiversado para crear un sistema social que limita los derechos de las mujeres. Un poco lo de «si te vistes así, ¿qué esperas que te pase?» a escala evolutiva. Si vas por ahí con esos genes, ¿qué pretendes que hagamos? Pues algo tan sencillo como construir una sociedad justa y equitativa. La biología es inamovible, pero cómo la interpretamos no lo es.

«Júlia, pero es que he visto un experimento en el que se confirma que los hombres y las mujeres tienen comportamientos diferentes». Amiga, yo también he estado ahí, así que vamos a ahorrarnos tiempo a las dos. Para determinar si los hombres tienen actitudes machistas por temas biológicos necesitaríamos estar en un mundo neutro, un mundo sin ningún tipo de estructura. Y lo que sí que está clarísimo es que el sistema cultural en el que vivimos está llenito de misoginia. Así que negar el impacto de todo esto es no ser consciente del mundo en el que vivimos.

Olvídate de esos vídeos en los que cinco niñas y cinco niños pasan unos días solos en una casa para ver qué dinámicas se crean. Ni caso a esas cámaras ocultas que se imponen a sí mismas la etiqueta de científicas y tratan de sorprender a incautos e incautas en reacciones inesperadas para confirmar con voz de circunstancia que ellos son más directos y violentos y ellas, más sumisas o discretas. Y no me hagas hablar de esos *reels* que paran a desconocidos por la calle y —¡sorpresa!— atestiguan que hombres y mujeres responden de forma distinta a la misma pregunta.

El tema de estos vídeos es que caemos en la trampa de asignar causalidad. Si vemos diferencias conductuales entre hombres y mujeres automáticamente pensamos que estas diferencias están en nuestro ADN. Claro que los hombres y las mujeres somos diferentes biológicamente: nosotras podemos gestar y menstruamos y ellos no, nuestros niveles hormonales son totalmente diferentes. Nadie niega esto. Pero que esa sea la explicación de que los hombres hayan monopolizado el poder y la toma de decisiones suena raro. Que esa sea la explicación de las agresiones sexuales, también.

Simplemente, no tenemos forma de medir las reacciones que son solo biológicas porque jamás podremos encontrarnos en una situación libre de imposiciones sociales. La única conclusión que podemos extraer con las herramientas que tenemos es esta: hemos recibido una educación machista, que diferencia entre hombres y mujeres.

Y uno de los grandes peligros de usar esta frase es el inmovilismo que lleva implícito: si el machismo es biológico, significa que no se puede cambiar.

> **NUESTRA RESPUESTA:**
> # LA BIOLOGÍA NO ES UNA EXCUSA PARA LA VIOLENCIA.

Los hombres son más agresivos por la testosterona

TE LO DESMONTO CON TRES ARGUMENTOS:

1. Nada justifica la violencia. No somos rehenes de nuestras hormonas, podemos decidir sobre nuestros actos.

2. Si bien es cierto que los hombres tienen más testosterona, la ecuación testosterona = agresividad no es verdad, ya que deja fuera a un montón de factores sociales y culturales.

3. Este tipo de afirmaciones normalizan la violencia porque llevan implícito el mensaje: «Como lo manda la biología, no hay nada que hacer».

«Por mis cojones», «porque me sale de las pelotas», «por mis huevos morenos»… ¿Te suenan? Son frases que pronuncian machos alfa que ven en Torrente a su líder espiritual, hombres orgullosos de serlo que aprovechan la más mínima ocasión para situar el foco en lo que para ellos es el centro de la virilidad: los testículos. Los órganos reproductores masculinos, encargados de producir la mayor parte de la testosterona, son invocados para justificar reacciones impulsivas y poco razonadas porque se nos ha vendido el discurso de que esta hormona es la encargada de que los hombres sean más «machos». Es decir, más agresivos y más sexuales. Si bien es cierto que los hombres tienen una concentración más elevada de testosterona que las mujeres, la violencia es más compleja que la existencia de una sola hormona.

Además, me hace especial gracia las contradicciones del machismo: por un lado, se nos presenta a las mujeres esclavas de nuestras emociones, totalmente irracionales e histéricas. Pero luego ellos son así por la testosterona. Vamos a ver, Paco, aclárate.

Como has leído antes, decir que la biología nos define es saltarse la mitad de la ecuación. **El comportamiento humano está mediado por una combinación de factores, que también son psicológicos, sociales y culturales.** Desde que somos pequeños, recibimos todo tipo de estímulos por parte de nuestra familia, nuestros amigos, el entorno o los medios de comunicación que nos marcan.

Durante el proceso de socialización, que dura toda la vida, vamos aprendiendo qué actitudes se entienden como correctas y cuáles no en función de nuestro sexo biológico. En la infancia, si somos niñas se nos enseñará a ser sumisas, cuidadosas y sensibles. Si somos niños, se nos enseñará a ser valientes, autónomos, competitivos y fuertes. A medida que nos hagamos mayores, recibiremos más mensajes que refuercen estas expectativas de género. En el patio del instituto, los chicos jugarán al futbol y las chicas hablarán en corrillos. En las películas de acción, los hombres salvarán al mundo y las mujeres se enamorarán del malote de turno. En el plano de la violencia, la agresividad masculina será aplaudida, asociada a la capacidad de liderazgo, a la toma de riesgos y a cierto *sex appeal*.

Existe todo un imaginario colectivo de millones de películas, series y videojuegos que se basa en ensalzar al más violento, al más machote. «Pero ¿qué me dices de Lara Croft?», puede preguntarte el mismo tipo que tiene en su bio de X una frase de *El club de la lucha*. Sí, claro, hay excepciones en las que se nos muestra un personaje femenino con poderío y cierta agresividad, pero quizá convendría que analizáramos en cuántos de esos casos no se produce también una hipersexualización de la protagonista o se la trata de loca o desequilibrada.

Afirmar que la testosterona va por libre y que la socialización no juega un papel clave en la agresividad masculina **es como decir que una planta crece porque tiene una semilla, ignorando que el agua, la tierra y el sol también suponen un papel clave.**

Si reducimos la violencia al determinismo biológico, ocultamos los factores sociales que promueven y normalizan la agresión en los hombres. ¿Qué hay de la educación? ¿De los roles de género y de las expectativas culturales? ¿Qué hay, por ejemplo, de aquellos padres que van a ver los partidos de fútbol de su hijo y que se ponen a gritar y a insultar frenéticos desde la grada? Todo esto promueve actitudes violentas, y nada de ello tiene que ver con los niveles de testosterona.

Lo que ocurre es que, si escondemos esta agresividad dentro de una hormona, parece que no la podamos evitar, que está ahí de manera innata. La mayoría de los crímenes violentos están perpetrados por hombres, pero ¿es eso culpa de que «pobrecitos, es que tienen la testosterona muy alta»? En absoluto. Justificarlo por biología es eludir su responsabilidad. Pueden decidir matar o no matar, violar o no hacerlo, atacar o no a su pareja… Por suerte, no somos marionetas con las que nuestras hormonas se divierten.

En el fondo, quienes usan la excusa de la testosterona para justificar la violencia masculina están negándose a que se produzca ningún cambio: «Es así, no se puede modificar la naturaleza». En cambio, **si asumimos que la agresividad de los hombres está estrechamente relacionada con factores culturales, sí podemos hacer algo: luchar para cambiarlos**. Menos testosterona y más responsabilidad.

> **NUESTRA RESPUESTA:**
> # LOS HOMBRES SON MÁS AGRESIVOS POR CÓMO HAN SIDO SOCIALIZADOS.

Te ayudo a subir la maleta por caballerosidad

MACHISTÓMETRO:

HIJO SANO DEL PATRIARCADO

TE LO DESMONTO CON TRES ARGUMENTOS:

1. Si la caballerosidad no es universal, sino dirigida a las mujeres, esconde condescendencia.

2. No somos damiselas en apuros, no necesitamos a un caballero que nos saque las castañas del fuego.

3. ¿Por qué no les suben las maletas a otros hombres? ¿Por qué no les abren las puertas a ellos?

«Un hombre que se comporta con distinción, nobleza y generosidad». Eso, según la RAE —no me hagáis hablar de la RAE, por cierto—, es un caballero. Por lo tanto, la caballerosidad *per se* no tiene por qué ser negativa. Sin embargo, si los hombres solo tienen determinadas actitudes nobles y generosas hacia las mujeres y nunca hacia sus iguales, ¿se trata solo de caballerosidad?

Un hombre te ha sujetado la puerta, otro te ha ayudado a subir la maleta en el portaequipajes del tren, otro te ha pagado la cuenta en un restaurante, otro te ha puesto su chaqueta sobre los hombros porque ha pensado que tenías frío. A simple vista, son acciones «normales» que podría llevar a cabo cualquier persona amable, y que demuestran preocupación y afecto. Sin embargo, ¿qué denominador común tienen todas estas situaciones? Que siempre ocurren en una misma dirección. Hombres sujetando la puerta a mujeres, hombres ayudando a subir la maleta a mujeres, hombres pagando la cuenta a mujeres… **¿Cuántos de estos gestos les salen de forma «natural» con otros hombres?** ¿Cuántos camareros que no titubean en darle la cuenta al marido que está cenando con su mujer preguntan: «¿Quién va a pagar?» cuando son dos amigos los que están cenando juntos?

El feminismo nos exige una mirada crítica, ir más allá de las apariencias. En este caso, eso nos lleva a cuestionarnos qué opera detrás de esta supuesta caballerosidad. Está muy bien ser amable y atento con otra persona, pero si esta cortesía implica siempre mostrar una especie de superioridad física (subir la maleta), económica (pagar la cuenta) o intelectual («No me lo has pedido, pero ahora te cuento qué es un fuera de juego»), ya no es desinteresada, sino condescendiente.

Y, a ver, el machismo se adapta a todo. ¿Sabéis la típica pirámide donde se ilustran las capas de maltrato machista? Donde en la cúspide vemos los feminicidios y luego vamos bajando y está toda la base que sustenta el glaciar. Pues con esto es lo mismo, que te suban la maleta no es grave, no es un machismo que amenace nuestra seguridad o bienestar. Pero forma parte de la semilla que se implanta en nuestra mente y causa que nos comportemos diferente si tenemos a un hombre o a una mujer delante. Repito: Paco, ¿por qué no le subes la maleta a otro Paco?

La mayoría de estos supuestos actos de caballerosidad no nacen de valorar los deseos de la otra persona, sino de presuponer fragilidad y debilidad en la mujer. Pueden parecer actos inocuos porque no implican violencia, pero forman parte de ese machismo cotidiano que pasa desapercibido si no prestamos atención. Como una gota malaya, horada y nos convence de que las mujeres dependemos de la fuerza, el dinero o la sabiduría de los hombres.

En definitiva, no me ayudas a subir la maleta por caballerosidad, sino porque te han enseñado que los hombres son los fuertes y las mujeres, unas damiselas en apuros que necesitan a alguien que las rescate. La socialización ha educado a los hombres en que tienen que resolver problemas, solucionar, pasar a la acción, mientras que les ha dicho a las mujeres que deben ser delicadas, complacientes y mostrarse amables. **A unos se los ha educado en sujetar puertas; a otras, en sonreír en señal de agradecimiento.** El problema es que, en todo esto, lo que subyace es que nosotras necesitamos a alguien que nos proteja, que no podemos ser independientes, y que ellos necesitan sentirse imprescindibles.

Hagámonos las siguientes preguntas: esos hombres que siempre invitan a las mujeres ¿aceptarían de buen grado que ellas los invitaran de vez en cuando o su ego no se lo permitiría?; si tienen frío, ¿les importaría que su novia les prestara su chaqueta o preferirían andar tiritando por la calle?; ¿cómo reaccionarían si una mujer les subiera la maleta? Es probable que su respuesta en todos estos supuestos implicara frustración por no cumplir con su «deber de hombre» y cierta amenaza —«¿acaso ella es más fuerte/rica que yo?»—. Esa incomodidad son los cimientos del machismo tambaleándose, una crisis de identidad propia de quienes han tenido la sartén por el mango y sienten que se les escapa. No olvidemos que ser caballeroso también implica cierta dominación y control sobre la mujer; ¡a ver cuándo entienden que no queremos caballeros, sino compañeros!

NUESTRA RESPUESTA:
NO NECESITO QUE ME AYUDES A SUBIR LA MALETA SI NO TE LO PIDO.

La palabra de una mujer puede destrozar la vida a un hombre

TE LO DESMONTO CON TRES ARGUMENTOS:

1. La palabra de una mujer, como cualquier otra denuncia, da comienzo a un proceso judicial y quien dicta sentencia es un juez.

2. Las denuncias falsas son solo el 0,001 % del total de denuncias por violencia machista.

3. Todavía soportamos un sistema judicial machista; queremos condenas justas y procesos que no ataquen a las víctimas.

Hace unos días, una amiga iba por la calle cuando alguien le dio un tirón y le quitó el bolso. Por suerte pudo verlo bien, acudió a la comisaría a denunciar y pronto detuvieron al ladrón. Cuando me lo contó, me enfadé mucho con ella. «Tía, ¿cómo se te ocurre hacer eso? Le has hundido la vida a ese tío. Ahora seguro que tiene que ir a juicio y hasta tendrá antecedentes. Ya te vale».

Absurdo, ¿verdad? Lo que entendemos con tanta claridad en esta situación —que alguien que comete un delito merece ser juzgado por ello— parece volverse borroso cuando hablamos de violencia machista y, especialmente, de violencia sexual. Es sacar el tema y una ceguera temporal se vuelca sobre los machitos de turno, que ven puro teatro cuando antes veían un delito y a una actriz merecedora del Oscar cuando, un segundo atrás, se apiadaban de la pobre víctima que se había quedado sin bolso.

De repente, se les olvida que el sistema judicial no es una máquina expendedora de sentencias, sino un intrincado proceso de derecho en el que se examinan todas las pruebas y se necesitan evidencias para condenar a alguien. Cuando una mujer denuncia una agresión sexual, **su palabra es lo que activa la maquinaria, no lo que determina el resultado**. Es exactamente igual a lo que sucede con cualquier otra denuncia. Y no solo eso, su palabra es el resultado de haber sufrido una violencia. El origen de todo está en el hombre que comete el delito, no en la mujer que pone la denuncia. Así que lo que le jode la vida a un hombre no es la palabra de una mujer, es haber agredido a una mujer.

En la investigación entran en juego profesionales del sistema policial, sanitario y judicial y, por supuesto, el acusado puede presentar todos los argumentos y pruebas que considere necesarios para su defensa. La presunción de inocencia está garantizada en un Estado de derecho y lo de decir que España no es un Estado de derecho ya escapa al mínimo que se le pide a una conversación sensata.

La intención de estas palabras es situar sobre la mesa una vez más el bulo de las denuncias falsas, una argumentación tan repetida en los círculos machistas que he querido dedicarle una frase entera para desmontarla con tranquilidad —si quieres leerla ya, puedes ir directamente a las páginas 180 y siguientes—. Se nos intenta hacer creer que existe un grave problema de acusaciones inventadas cuando la realidad es que en 2023 apenas llegaron al 0,001 %.

> **@UsuariodeX**
>
> Sentido común es **destrozar** la vida **de una** hombre, sin pruebas ni indicios, sólo basándose en la **palabra de una mujer** que puede obrar por despecho, odio o capricho. **De** locos es decir poco y llamar a eso feminismo es **una** vergüenza.
>
> ♡ 146   ⟲ 1,4k   ♡ 2,3k   ⬆   🔖

Dicen que la mejor defensa es un buen ataque y así, para evadir responsabilidades, se intenta arremeter contra la veracidad de la denunciante e incluso su capacidad de empatía. Jamás dejemos de repetirlo: **la razón por la que un hombre puede acabar en la cárcel es cometer un crimen, no que alguien lo denuncie.**

Visto así, no hay muchos argumentos con los que sostener eso de que «la palabra de una mujer puede joderle la vida a un hombre». Esta frase genera la sensación de que es fácil engañar a la justicia, pero la realidad es muy simple. No tenemos ningún ejemplo que pruebe que las feministas mandamos a hombres inocentes a la cárcel con un chasquido de dedos. Lo que sí tenemos son demasiados ejemplos de que la palabra de una mujer, especialmente cuando esa palabra es «no», no nos sirve de nada.

Hay quien, a pesar de todo, se negará a aceptar la evidencia y querrá hacernos creer que el feminismo ha creado un sistema penal que favorece a las mujeres, ¡como si nuestro propósito no fuera lograr una justicia ecuánime para todos! Si ese fuera el caso, no tendríamos que aguantar a magistrados que aceptan que un investigador privado acose a la víctima de una violación, como en el caso de la Manada, o que preguntan a la denunciante si «cerró bien las piernas», como se vio en unos juzgados madrileños hace unos años. La justicia todavía está lejos de ser feminista, pero al final, como pasa siempre, no hay más ciego que el que no quiere ver.

NUESTRA RESPUESTA:
COMETER UN CRIMEN PUEDE DESTROZARLE LA VIDA A UN HOMBRE.

Solo son piropos

MACHIRULO EN PRÁCTICAS

TE LO DESMONTO CON TRES ARGUMENTOS:

1. Cuando nos dicen «guapas» por la calle, no quieren ligar con nosotras, sino marcar territorio.

2. Nosotras no lo hacemos y también vemos a personas atractivas por la calle, pero no las increpamos con comentarios innecesarios.

3. Estas actitudes se potencian cuando los hombres van en grupo porque buscan su validación siendo machotes.

Uf, intentaré no enfadarme mucho en este análisis, pero no prometo nada. A todas nos han dicho cosas por la calle, seamos como seamos, tanto si cumplimos el canon de belleza como si no. Hemos normalizado escuchar un «guapa» cuando pasamos por delante de un grupo de hombres, recibir miradas cual escáner como si fuésemos objetos decorativos que requieren ser observados, que nos piten con el coche cuando vamos caminando por la calle tan tranquilas, que nos silben, que nos bloqueen el paso, que nos griten desde una obra…

¿Cuándo fue la primera vez que recibiste comentarios sobre tu físico por la calle de boca de un desconocido? Esto siempre me ha llamado la atención y siento que no solo es mi caso personal, yo recibía muchísimos más con dieciséis años que ahora con treinta. **Cuanto más jóvenes somos, más comentarios recibimos porque se nos ve más vulnerables.** Es preocupante, y más si tenemos en cuenta la edad de los señores que nos lo dicen o nos hacen sentir inseguras en el espacio público.

Pero ¿qué hay detrás de esto? ¿De verdad quieren ligar con nosotras? ¿O lo que buscan es marcar territorio y hacernos entender que la calle es suya? Detrás de un «guapa», «qué buena estás» o «uf, lo que te hacía» no hay una intención de flirteo. No quieren hablar con nosotras, ni tontear ni tan siquiera abrir un camino para que ocurra algo amoroso o sexual. El objetivo no es ese.

La intención de estos comentarios es demostrar que el espacio público les pertenece. Que te sientas con total libertad de decir lo que piensas del físico de alguien sin tener en cuenta a esa persona claramente representa una falta de respeto. **De ahí que hablemos de acoso callejero, pues la intención no es ligar, es demostrar la jerarquía de poder**: ellos pueden comentar lo que les plazca de nosotras porque la calle es suya.

Otro elemento a tener en cuenta es el factor de grupo. Estas actitudes se potencian muchísimo cuando los hombres van juntos. Otra demostración más de que no son piropos, sino una cuestión de poder. Cuando estamos en grupo tendemos a reproducir mucho más las dinámicas del sistema. Hacemos cosas que de otra forma quizá no haríamos y nos «crecemos» porque tenemos a un grupo que nos apoya y soporta.

En el caso de los hombres, en muchas ocasiones se potencian actitudes machistas como increpar a mujeres por la calle. Por eso cuando vamos solas y vemos a lo lejos a un grupo de hombres se nos activa una alerta. Inconscientemente detectamos un peligro. Quizá ahora no os pasa, pero pensad cuando teníais dieciocho años. En estos rituales sociales de hombres operan dos elementos: la validación del grupo y la demostración de ser un machote. Es posible que la intención de decir un «uf, estás buenísima» no sea generar algo en ti, sino en el grupo. El objetivo real de ese comentario no somos nosotras, es que los amigotes le rían la «hazaña». Pero sí somos las que nos llevamos el mal rato.

Volviendo al tema, claro que nosotras también vemos a personas atractivas por la calle, pero no lo verbalizamos, no increpamos a la gente en el espacio público. Lo podemos pensar porque **tenemos ojos y apreciamos la belleza igual que ellos, pero nunca se nos pasaría por la cabeza hacer un comentario en alto** para que la otra persona lo escuche. Sabemos que esto es incómodo, que recibir una apreciación de nuestro físico por parte de una persona completamente desconocida es del todo innecesario.

¿Cómo nos afecta a nosotras? A muchas nos resulta incómodo, invasivo o incluso amenazante, en especial cuando los comentarios son sexualmente explícitos o vienen acompañados de una actitud intimidante. Y esto nos lleva a desarrollar miedo por la calle o a una sensación de vulnerabilidad. Sentir que somos observadas todo el rato es agotador.

Por último, ¿cómo reaccionamos ante estas actitudes de acoso callejero? Cuando era adolescente, agachaba la cabeza y seguía para adelante, como si no acabara de pasar y fingía normalidad, pero en el fondo sentía asco y rabia. Luego pasé a lanzar miradas de rechazo o responder de forma confrontativa. Es curioso ver que, si respondes, lo siguiente es que te insulten. Primero te llaman «guapa», tú les confrontas y te responden llamándote «fea». Patético.

Cada mujer es libre de decidir cómo reaccionar, el peso no ha de estar en nosotras porque los que acosan son ellos. Hemos de escoger nuestras batallas: si ves una situación donde crees que corres peligro, piensa que tú siempre eres la prioridad.

> **NUESTRA RESPUESTA:**
> ## TÚ NO ME QUIERES PIROPEAR, SINO INCOMODAR.

Los hombres cazaban y las mujeres cuidaban

MACHISTÓMETRO:

HIJO SANO DEL PATRIARCADO

TE LO DESMONTO CON TRES ARGUMENTOS:

1. La ciencia no ha sido neutral; durante muchos años ha reforzado una visión patriarcal de la historia.

2. Está demostrado que las mujeres también cazaban en la mayoría de las sociedades prehistóricas.

3. ¿Qué se estudia? ¿Cuáles son las preguntas de investigación? ¿Cómo se interpretan los resultados? Detrás de cualquier investigación hay sesgos inconscientes.

En 2020, un equipo de arqueólogos que trabajaba en un yacimiento de los Andes peruanos descubrió una tumba de 9.000 años de antigüedad. El cuerpo estaba rodeado de material para la caza mayor, con afiladas puntas y otras herramientas de piedra, y los arqueólogos, mientras lo desvelaban, exclamaron: «Debe haber sido un gran jefe». Los adornos junto al esqueleto demostraban que había sido un respetado cazador, por lo que, por supuesto, tenía que tratarse de un hombre.

Por suerte para nosotras, en la actualidad disponemos de tecnología avanzada para determinar el sexo de los huesos humanos, y el equipo de arqueólogos hizo buen uso de ella. Para su sorpresa, ese «gran jefe» era, en realidad, una «gran jefa» y, según atestiguaban las herramientas que la acompañaban, también una excelente cazadora.

El hallazgo se hizo público, sumándose a una lista creciente de descubrimientos similares en los que el ADN óseo contradice la que, hasta hace poco, había sido una dinámica habitual en el estudio de la Prehistoria: **aplicar al análisis del pasado los prejuicios y sesgos que existen en el presente.** Esta forma de mirar superpone la lógica patriarcal a todo lo que alcanza la vista para construir un relato histórico muy concreto que refuerza el discurso de que hay tareas propias de mujeres y tareas exclusivas de los hombres. Si ellos han sido desde hace milenios los que se encargaban de proveer el sustento, ¿cómo podemos negarnos a que eso siga pasando hoy día? Si las mujeres siempre han sido las encargadas de quedarse en casa, aunque esa casa fuera una cueva neolítica, ¿qué absurda petición es esa de invertir los roles?

Amigas, que no os engañen bajo la falacia de que la ciencia es objetiva. **La ciencia es de quien la hace y durante demasiados años ha estado solo en manos de los hombres.** Un arqueólogo que no considerara a una mujer de su época una igual siempre proyectaría esa imagen a su lectura de las sociedades pasadas, causando que las deducciones por contexto se convirtieran en una repetición de prejuicios que nos han intentado vender bajo la falsa etiqueta de «avalados por la ciencia». Nos ha costado mucho llegar hasta estudios como el publicado en 2023 por la revista científica *Plos One*, que demostraba que **en el 79 % de las sociedades neolíticas las mujeres también cazaban**.

Obviamente, en la ciencia hay sesgos, y muchos de ellos son inconscientes. ¿Qué se estudia? ¿Cuáles son las preguntas e hipótesis de investigación? ¿Cómo se interpretan los resultados? Detrás de cualquier investigador o investigadora hay sesgos inconscientes. Y, como siempre han hecho ciencia los hombres, nos falta la mitad de la historia.

Por suerte, científicas como Dorothy Liddell o Mary Leakey se hicieron un hueco en la arqueología y sentaron un precedente para que cada vez más mujeres se dedicaran a este campo, pero todavía queda trabajo por hacer. Hace algunos años, la arqueóloga María Ángeles Querol publicó un estudio sobre la representación de hombres y mujeres en cinco museos españoles sobre la prehistoria y las conclusiones fueron devastadoras.

No solo no aparecían mujeres cazando o pescando, sino que apenas había imágenes con protagonistas femeninas dedicadas a la artesanía, la metalurgia, la agricultura, la ganadería, el comercio o la construcción, actividades tan o más importantes que la caza dentro de la vida de estas tribus. Por no haber, **ni siquiera aparecían casi mujeres vigilando, caminando o portando utensilios**, como si la mitad de la población prehistórica fuera un simple adorno inútil. Sabemos que en una sociedad tan exigente como la neolítica, cada persona debía aportar algo y cumplir con su función para asegurar la supervivencia del grupo y, aun así, nos hemos apañado para reflejar a las mujeres como seres pasivos dependientes de los hombres.

Vale, no estoy diciéndolo todo: en todos esos museos sí había una actividad en la que destacaban las mujeres. Por supuesto, y para sorpresa de absolutamente nadie, eran las imágenes dedicadas a la cocina y a los cuidados. Una vez más, la mirada del patriarcado actual se cuela en la forma en que contamos un pasado, buscando instaurar esa idea falsa de que solo las mujeres cuidaban y solo los hombres cazaban. Este embuste es un arma de doble filo diseñado para atacar a las mujeres que atentamos contra esa idea de la pasividad femenina, pero también contra los hombres que quieran dedicarse a cuidar. **Los relatos sesgados del pasado empobrecen el presente y atentan contra las libertades de todos.** Ni éramos las cuidadoras de nuestros antepasados ni tenemos la obligación de serlo de nuestros coetáneos; ni los hombres se mantenían al margen de los cuidados ni tienen el derecho de hacerlo ahora. Y si hay que reescribir el pasado a la vez que construimos un futuro, lo haremos.

NUESTRA RESPUESTA:
LAS MUJERES SIEMPRE HAN CAZADO.

4.
LAS MUJERES LIBRES DAN MIEDO

Nuestra libertad asusta porque significa que ya no nos controlan.

Qué asco, tienes pelos

TE LO DESMONTO CON TRES ARGUMENTOS:

1. Los seres humanos tenemos pelos por todo el cuerpo. ¿Por qué los nuestros dan asco y los de los hombres no?

2. El vello corporal es un factor totalmente natural y necesario para nuestros cuerpos.

3. El pelo en el cuerpo se asocia con la virilidad y masculinidad, por eso les genera tanto rechazo ver un cuerpo femenino con pelos.

Voy a desvelar uno de los grandes secretos del universo: las mujeres tenemos pelos. En las piernas, las axilas, las ingles, el pubis, las cejas, los brazos, el bigote. **Lo natural es que en nuestro cuerpo haya pelo.** Siempre he pensado que vivimos en un mundo muy extraño donde los hombres pueden lucir su pelo en el pecho, muy largo y tupido y todo está bien. Pero a nosotras, a la que nos olvidamos un pelo por depilar, nos entra una angustia bestial.

Qué casualidad que la mitad de la población (las mujeres) se ha puesto de acuerdo libremente para depilarse, mientras que la otra mitad (los hombres) ha acordado hacer absolutamente lo contrario. El vello en sus cuerpos está aceptado socialmente y no es objeto de debate, pero los nuestros parecen cuestión de

Estado. Y es que el rechazo social hacia nuestros pelos es tan grande que han logrado que nosotras mismas los odiemos.

Pero ¿qué hay detrás de este rechazo? Para empezar, **el vello corporal se ha asociado con la virilidad y la masculinidad**. Un cuerpo con pelo es un cuerpo rudo y de machote. Claro, eso a las mujeres nos deja fuera de la ecuación porque de nosotras se espera que seamos delicadas, suaves, dulces y femeninas. Así que la única opción que nos deja el sistema para encajar es depilarnos, hasta el punto de que cuando vemos a una mujer con pelos es muy probable que pensemos que es masculina, lesbiana o hippie. O, peor aún, una guarra que no se ducha.

El argumento de la higiene me parece de lo más despreciable. Un cuerpo con pelos solo es poco higiénico cuando es el de una mujer, mientras que ellos tienen pelos hasta en la espalda y nadie cuestiona sus estándares de limpieza. De verdad que no concibo esta justificación y que se use exclusivamente en nosotras. Creo que lo más flagrante de todo es cuando comparamos la situación de los hombres y las mujeres, y nos damos cuenta de la injusticia.

Quiero poder ser libre de no depilarme y no recibir ningún tipo de castigo social por ello. Por suerte, cada vez vemos a más mujeres que no se depilan y enseñan sus pelos con orgullo. Porque de esto va el feminismo, de que podamos escoger libremente (pero libres de verdad), sin presión, sin juicios, sin culpas, sin obligaciones disfrazadas de falsa libertad.

Otro tema interesante es preguntarnos por qué tenemos pelos en el cuerpo. Al final, el vello corporal cumple una función, que es la de proteger la piel y empieza a aparecer en el proceso de convertirnos en adultos. Al depilarnos, estamos arrancando esta capa protectora y, curiosamente, el resultado nos recuerda a una etapa infantil. Existe una evidente relación entre la falta de vello corporal y la niñez, puesto que el pelo se relaciona con la maduración del cuerpo. Esto nos lleva a pensar que **la imposición de la depilación en las mujeres puede estar relacionada con una cultura de la pedofilia**, por un lado, y, por otro, con una intención de infantilizar a las mujeres.

Un aspecto fundamental es cómo nos atraviesa el canon de belleza. Se nos ha instaurado una preocupación excesiva por gustar, por parecer atractivas; la belleza es nuestra carta de presentación y validación externa. Este canon estético tiene normas muy claras, entre ellas, la depilación. Cuando una mujer se salta estas normas, la sociedad entera se lo recrimina. Solo así se garantiza el funcionamiento y la perpetuación del sistema.

¿Cómo rompemos este esquema? Visibilizando que las mujeres tenemos pelos en el cuerpo. Mostrar esta realidad hará que sea normal. Y yo entiendo a la gente que me mira los pelos de las piernas o axilas en el metro —cómo no me van a mirar, si lo más probable es que no lo hayan visto nunca—, pero también digo que es fácil diferenciar una mirada de curiosidad de una mirada de rechazo. Solo podremos ser libres de depilarnos o no si podemos soportar la carga de no hacerlo.

NUESTRA RESPUESTA:

PACO, ESTÁS LLENO DE PELOS, ¿LOS TUYOS NO TE DAN ASCO?

Te depilas porque quieres

TE LO DESMONTO CON TRES ARGUMENTOS:

1. Elegir no exponernos a las críticas o a la violencia verbal por no ir depiladas no es escoger con libertad.

2. El canon de belleza afecta a nuestras decisiones y deshacerse de él no es tan fácil como parece.

3. ¿Has escuchado alguna vez que el vello no es higiénico? Son *fake news* usadas una y otra vez para influir en las mujeres.

Esta frase es todo un clásico y una enorme trampa. Si fuera un dibujo animado, sería un cepo, una de esas trampas en las que el coyote cae una y otra vez. El coyote, se entiende, somos nosotras.

Una de las primeras cuestiones que ocurre siempre que intentamos desmontar esta frase es que sale el iluminado de turno acusando al feminismo de coartar la libertad de las mujeres. «¡El feminismo dice a las mujeres cómo comportarse y cómo no! ¡Al feminismo solo le gusta un tipo de mujer!».

Antes de etiquetar a todo un movimiento social como un villano en contra de la libertad de elección, **preguntémonos si esa misma libertad existe**. ¿Nos depilamos porque queremos? La verdad es que solo podemos estar seguras si somos plenamente conscientes de las ramificaciones que tiene esta acción y si ninguna de sus consecuencias posibles está influyendo en nuestra decisión. Es decir, si podemos afirmar que somos inmunes a las miradas críticas, a los comentarios acusadores, a los juicios de la gente, a lo que pueda comentar esa persona con la que tenemos una cita esta noche o a la imagen canónica de la belleza que vemos repetirse una y otra vez en la tele, las revistas o las redes.

La paradoja de la libre elección está mejor representada en ese meme que corre últimamente por las redes y que representa a una vaca mirando dos caminos paralelos que llevan a un único lugar. Puedes creer que estás eligiendo voluntariamente uno u otro, pero los dos te van a dejar en el mismo sitio. ¿No es demasiada casualidad que la mitad de la humanidad «quiera» lo mismo? Cuando todas actuamos igual, hemos de plantearnos de dónde nacen esos comportamientos.

En este caso, resulta muy útil invertir la pregunta. No se trata de qué obtenemos al depilarnos, sino de qué ocurre si no lo hacemos. Así podremos ver que **la trampa es que nunca elegimos depilarnos o no**, sino depilarnos y que la sociedad no tenga nada que opinar sobre nuestro vello, o no hacerlo y recibir comentarios, miradas y críticas.

Por más que el vello corporal sea algo natural, muchas personas todavía lo reciben como una extravagancia y algunas sienten que tienen el derecho de señalar, reírse o comentarlo. Estas situaciones, repetidas cada vez que sales de casa, son una carga de violencia tácita o verbal agotadora. **Elegir no tener que lidiar con ellas no es escoger con independencia porque donde hay opresión jamás habrá libertad pura de elección.**

No me lo digas: pero es que a ti, además, te encanta verte depilada. La piel suave, brillante, sin rastro de vello. Aunque no fueras a salir de casa en un año, lo seguirías haciendo. Siento decirte que aquí tampoco podemos asegurar que actuamos solo teniendo en cuenta nuestros propios criterios. Y es totalmente normal porque nos han enseñado a odiar nuestros pelos.

Y esto lo pienso muchísimo: ¿cómo puede ser que no conozcamos nuestro propio cuerpo? Cuando decidí dejar de depilarme flipé porque me di cuenta de que nunca había visto mis pelos. Al observar que los pelos de una axila me salían totalmente diferentes que los de la otra (unos más para arriba, otros más para abajo), fui consciente de que no tenía ni idea de cómo era mi propio cuerpo.

A pesar de que la sociedad está avanzando, hemos crecido absorbiendo un canon de belleza que asume claramente que las mujeres no deben tener vello corporal y sacarse esa imagen de la cabeza es complicadísimo porque apenas tenemos referentes de mujeres que la contradigan. Quizá te venga a la mente esa alfombra roja de Amaia en la que se presentó sin depilar, pero siento decirte que si fue noticia es porque todavía se considera una excepción.

Por supuesto, **esto no va de repartir carnets de feminista a la que menos se depile**, sino de impulsar una conversación crítica sobre los mandatos a los que estamos expuestas y luchar para que nuestras decisiones se tomen en libertad. No eres más o menos feminista por depilarte, suficiente tenemos con lo nuestro para que encima sintamos más presión o culpa.

El feminismo pone encima de la mesa que un cuerpo depilado no es un cuerpo más higiénico y que, de hecho, algunos métodos pueden ser dañinos para la piel. El vello protege las áreas más sensibles, especialmente en la zona púbica, y una depilación muy frecuente o agresiva puede causar irritación e incluso nfecciones. Qué curioso que la fiebre del *skin care* no haya llegado hasta aquí. Si vamos a meter la salud en este debate, hagámoslo con datos reales y no sobre el falso supuesto de que el pelo es algo sucio. Porque parece que solo es «sucio» para nosotras, mientras que ellos tienen pelos por literalmente *todo* el cuerpo y nadie cuestiona su higiene. La información es el primer paso y si el último es darnos cuenta de que realmente nos gustamos más sin vello, ¡bienvenido sea!

NUESTRA RESPUESTA:
LA CLAVE ES ANALIZAR POR QUÉ QUEREMOS DEPILARNOS.

¡Eres una 3:59!

TE LO DESMONTO CON TRES ARGUMENTOS:

1. No hay nada malo en que las mujeres disfruten del sexo y tacharlas de «putas» o de «3:59», solo busca estigmatizarlas para ejercer un control sobre su libertad sexual.

2. Disfruto del sexo igual que tú, Paco. ¿Por qué tú puedes follar mucho y yo no?

3. Es hipócrita señalar a las mujeres por cómo viven el sexo cuando a los hombres no se les aplica la misma vara de medir.

Dos nuevos conceptos se han añadido hace poco al diccionario de los insultos dedicados exclusivamente a las mujeres: «ser una 3,99» o «una 3:59». Los clásicos «zorra» y «puta» han encontrado competencia en TikTok y, sobre todo, entre la generación Z. Pero ¿de dónde vienen estas nuevas expresiones y qué significan? Hace poco, un perfil con millones de seguidores que comparte «consejos» a los hombres sobre cómo relacionarse con las mujeres insultó a un *streamer* diciendo que su novia es una 3,99. Hacía alusión al precio por el que venden su contenido explícito las creadoras de contenido en OnlyFans, y se refería a que están «a un céntimo de ponerse a cuatro», como ponerse a cuatro patas. La misma lógica sigue la expresión «ser una 3:59», que significa que una mujer está a un segundo de ponerse «a cuatro». No se trata ni mucho menos de expresiones residuales, sino que los vídeos que las usan acumulan miles de visualizaciones y algunos se han vuelto virales.

Lo primero que hay que hacer para desmontar estos insultos es preguntarnos su intención. Este tipo de expresiones busca avergonzar y castigar a las mujeres que disfrutan de su sexualidad, un clásico del patriarcado, que estigmatiza a las mujeres que expresan sus deseos. Se trata de un claro caso de *slut shaming*, que consiste en juzgar a alguien por su actividad sexual pasada, presente o incluso hipotética —¿qué más da que no sea una zorra si se viste como tal?—.

Una vez que te cuelgan la etiqueta de «la puta» o «la 3:59», es muy complicado deshacerse de ella o ser inmune a sus consecuencias. Algunos hombres te verán como el objeto ideal para cumplir todas sus fantasías y algunas mujeres, como un recordatorio de lo que les puede ocurrir si son «demasiado fáciles». Todos ellos te insultarán, te criticarán y te aislarán. Es la misma lógica diabólica que ocurre con los casos de filtración de vídeos íntimos: quienes los comparten saben que **la forma más efectiva de humillar a una mujer es acusarla de ser una puta** porque las consecuencias son la vergüenza y el aislamiento.

¿Por qué en pleno siglo XXI el sexo aún es un arma arrojadiza? Aunque nuestra sociedad se considera avanzada, a las mujeres se nos sigue educando para que reprimamos nuestra sexualidad, mientras que a los hombres se los anima a ser sexualmente activos. **Si un tío folla mucho es el puto amo, si una mujer folla mucho es una 3:59.** Pero ¿qué pasa si una mujer folla poco? Pues que también le lloverán etiquetas: estrecha, frígida, rancia… Una mujer puede ser tachada de «puta» por enseñar mucha piel y, al mismo tiempo, de «rancia» por no satisfacer los deseos de un hombre. Con el doble rasero hemos topado.

Además, **los hombres critican a las mujeres sexualmente activas, pero al mismo tiempo las desean.** No querrían que sus novias se dedicaran a la industria del porno, pero lo consumen, de la misma forma que insultan a quienes tienen OnlyFans y pagan por su contenido explícito. Para ellos, las mujeres caen en dos categorías: las santas y las guarras, las buenas novias y las 3:59, las de casarse y las de pasar un buen rato… Es el famoso complejo de «virgen/puta».

Todo esto, por supuesto, parte de una premisa falsa: las mujeres perdemos valor a medida que nos usan. Este tipo de afirmaciones nos cosifican, es decir, nos reducen en este caso a un cuerpo. Vamos a decirlo claro: las mujeres no somos objetos y no somos solo un cuerpo. Y, para terminar, **el sexo vivido desde la libertad y el deseo no es negativo**, por lo que sumar experiencias no es malo *per se*. Los hombres que piensan que una mujer se humilla por tener muchas relaciones es porque no conciben el sexo como una experiencia de placer mutuo, sino como un espacio —otro más— donde humillar a las mujeres. ¿Y si cambiamos la dirección hacia la que apunta el dedo acusador?

NUESTRA RESPUESTA:
LAS MUJERES DISFRUTAMOS DEL SEXO CON ORGULLO.

Con este *body count,* no encontrarás marido

TE LO DESMONTO CON TRES ARGUMENTOS:

1. El *body count* solo se aplica a las mujeres y cuanto más alto sea el número, peor. Huele a misoginia desde aquí.

2. Esta frase refleja que somos objetos para el sistema: cuanto más usado ha sido un objeto, más valor pierde en el mercado.

3. ¿Quién te ha dicho que quiero un marido?

Para quien no lo sepa, el *body count* de una persona es el recuento de toda la gente con la que se ha acostado. Podríamos pensar que es un concepto un poco infantil y nos encajaría en gente de veinte añitos que está en fase de exploración sexual. El problema de esta expresión es que lleva implícitas dos cuestiones: solo se aplica a las mujeres y cuanto más elevado sea el número, peor. Sí, el olor a misoginia llega hasta aquí.

Este discurso rancio ahora lo vemos muchísimo en TikTok en voces de adolescentes, pero ha existido toda la vida. A las mujeres siempre nos ha perjudicado socialmente disfrutar de nuestra vida sexual. ¿A cuántas chicas han llamado «guarra» o «facilona» en el colegio por tener más de un noviete o novieta? Todo esto nos ha provocado interiorizar unos mensajes muy chungos. **Hemos construido**

nuestra relación con el sexo desde la culpa y la presión, con mensajes muy contradictorios: por una parte, si follamos mucho está mal porque somos «unas guarras», pero, por otra, hemos de complacer sexualmente a alguien que quiera acostarse con nosotras.

Esto causa un doble rasero brutal: si ellos están con muchas chicas son unos campeones y triunfadores, mientras que si lo hacemos nosotras «perdemos valor como mujer». Esto marca una diferencia abismal en cómo los hombres y las mujeres nos relacionamos con el sexo: en ellos, las experiencias suman y les incrementa su valor, mientras que en nosotras ocurre todo lo contrario. Tener un *body count* alto —una expresión que odio profundamente— es un fracaso según el sistema capitalista en el que vivimos porque esa mujer ya está usada y, por lo tanto, vale menos. Un ejemplo perfecto de cosificación, para variar.

¿Qué consecuencias tiene todo esto? Cuando nos vamos a los datos, nos encontramos cuestiones curiosas. En 2019, la revista *Journal of Sex Research* llevó a cabo un estudio con 15.000 hombres y mujeres del Reino Unido en el que les preguntaron por el número de personas con las que habían tenido sexo en toda su vida. En los más jóvenes, la media en hombres era de 14 parejas sexuales y en las mujeres, de 7. Y en las personas de treinta a cuarenta años, de media, ellos decían 110 personas y ellas 30 personas. En un mundo tan heterosexual, no me salen las cuentas.

> **@UsuariodeX**
>
> Perteneces a las calles. Una dama no anda divulgando sus intimidades por las redes. Seguramente eres el tipo de mujer que al casarse, se acabarán las cogidas, las mismas que serán infrecuentes y de mala calidad. Típico de una mujerzuela de vida promiscua y de alto **body count**.
>
> 146   1,4k   2,3k

Una de las conclusiones del estudio fue partir de la premisa de que ellos exageran hinchando este número porque entienden que les suma valor, mientras que ellas lo minimizan.

Pero la cosa no queda ahí; esta frase está íntimamente ligada con el mito de que la vagina se deforma al follar mucho. De esto hablaré en otro apartado, pero vamos a ver. Es totalmente absurdo y acientífico, pero es que además ni siquiera se sostiene dentro de su propia lógica: según estos misóginos, la vagina solo se deforma cuando tienes sexo con personas diferentes. Si llevas diez años con la misma persona, da igual, aunque tengas un montón de sexo. Ahora resultará que es un escáner del Mercadona y si detecta a varios señores distintos se convierte en blandiblú.

Esta frase **se usa con la intención de amenazarnos para corregir nuestra actitud.** El otro día me encontré con un tuit de un señor misógino que subía una captura de un vídeo de TikTok de una chica donde salía ella con una frase: «Solo cincuenta y ocho pueden decir: "Ella fue mía"». El tema de que una mujer pueda «ser de un hombre» ya tiene tela, pero encima estos mensajes quieren estigmatizar a la chica en cuestión por disfrutar del sexo. Claro, si cincuenta y ocho hombres ya se han acostado con ella, nunca va a ser una mujer de bien y a encontrar un maridito. Paco, ¿quién te ha dicho a ti que queremos un marido?

La conclusión es que la liberación sexual es realmente esto, liberarnos. Besarnos con quien nos dé la gana, cuando nos apetezca, disfrutar de las relaciones sexuales sin toda esta capa de moral machista. No perdemos valor teniendo sexo; al revés, ganamos una experiencia placentera.

NUESTRA RESPUESTA:
¿Y TU *BODY COUNT* NO CUENTA?

Las feministas son unas mojigatas que odian el sexo

TE LO DESMONTO CON TRES ARGUMENTOS:

1. Precisamente porque queremos disfrutar del sexo en libertad se ha de tener en cuenta nuestro placer, y no solo el masculino.

2. No estamos en contra del sexo, sino de la pornografía y la prostitución, que son formas de explotación que reproducen la violencia sexual sobre las mujeres.

3. Que no nos mostremos «sexis» o no te sigamos el rollo no significa que seamos unas mojigatas. No estamos aquí para complacerte.

Según la información de la Conferencia Episcopal, en diez años han tenido que cerrar 162 monasterios. Los datos no mienten: cada vez hay menos monjas en España. ¿Que por qué estoy hablando de esto? Porque parece que algunos viven en una realidad paralela llena de mujeres vistiendo hábito, un mundo en el que todas las feministas engrosamos las filas de las devotas. Basta con criticar la prostitución, la pornografía o la hipersexualización para que nos llamen «monjas», «neomonjas», «mojigatas» o «conservadoras».

Esto se puede desmontar de muchas formas, pero si tenemos la suerte de escuchársela a uno de esos hombres aficionados a los libros de historia, primero le recomendaría que se repasara el papel de las feministas en la liberación sexual de los años sesenta y setenta. Una libertad sexual que con el tiempo hemos visto que más que liberarnos nos presentó una nueva forma de oprimirnos. Nuestro objetivo no es vernos «sexis» en todo momento, es situar nuestro placer en el centro.

Dicho esto, **las feministas no tenemos ningún problema con el sexo, sino con un modelo de sexualidad que deja de lado nuestros deseos** y que reduce nuestro placer a algo secundario o irrelevante.

Si algo caracteriza al feminismo es la lucha por la libertad, es decir, por la emancipación de las mujeres. Las feministas queremos dejar de estar bajo la tutela de los hombres, y eso incluye el ámbito sexual. Pero ser libre sexualmente no implica solo poder practicar sexo sin restricciones, sino decidir libremente qué hacemos con nuestro cuerpo y cómo expresamos nuestra sexualidad sin estar condicionadas por el machismo.

Es probable que aquí el cuñado de turno te diga: «Sí, claro, si pensamos lo mismo. Las putas y las chicas de OnlyFans actúan desde la libertad». Pues no. Lo de poner la palabra «libertad» como excusa para sacar ventaja de las desventajas de otros ya nos la conocemos; no olvidemos que el 86 % de las mujeres prostituidas se encuentran en situación de pobreza, según datos del Macroestudio: *Trata, explotación sexual y prostitución de mujeres: una aproximación cuantitativa*, elaborado por el Ministerio de Igualdad en 2024.

La libertad sexual no es solo poder decir «sí», sino decirlo con deseo genuino, sin que haya coacción, necesidad económica o presión social de por medio. **Si no hay consentimiento auténtico, no hay libertad sexual; lo que hay es abuso o explotación económica.** Y, claro está, si el consentimiento se puede comprar, ya no nace del deseo y, por lo tanto, no es auténtico.

No estamos en contra de la prostitución o de la pornografía porque nos molesten los cuerpos desnudos, sino porque son formas de explotación de la mujer que tienen más que ver con el poder que con el sexo. El putero compra el consentimiento sexual, dentro de una lógica capitalista que nos convence de que «quien paga, manda». Por no hablar de las redes de proxenetas. ¿Sabías que, de hecho, OnlyFans actúa como proxeneta, ya que se lleva el 20 % de los ingresos de las mujeres? Esto se informa en la misma aplicación, se me hace muy complicado que alguien enarbole la bandera de la libertad cuando hay terceros que se benefician de ello.

Y más allá de esto: ¿qué tipo de sexo se muestra en OnlyFans y en los vídeos porno? Estas plataformas son fábricas de sexualización de las mujeres, ya que promueven contenidos donde el deseo de la mujer queda totalmente relegado a un segundo plano. ¿Dónde está el disfrute mutuo? ¿Dónde está la voluntad sexual de la mujer? ¿Qué modelo de sexualidad nos están inculcando? Porque el problema es que no hemos tenido ningún tipo de educación sexual y la pornografía termina funcionando como nuestra única escuela sobre sexo. Cuando el hombre se corre, el vídeo se termina. ¿Y hace falta que hablemos de las categorías porno más populares? *Gangbangs*, *teen*, *revenge porn*… **La pornografía nos presenta un sexo falso, un catálogo de actos sexuales desprovistos de placer femenino y de deseo compartido.** Punto.

Y que quede claro: no decimos que tengamos que estar enamoradas para tener sexo placentero. Este es un cliché que nos tiran encima para tratarnos de conservadoras, monjas o antiguas. **Lo que decimos es simple: para que haya sexo, necesitamos deseo.** Este puede surgir en cualquier contexto, ya sea con una pareja de hace años o con alguien a quien acabamos de conocer, pero es una condición *sine qua non* para que disfrutemos del sexo.

NUESTRA RESPUESTA:

LAS FEMINISTAS RECHAZAMOS EL SEXO SIN PLACER.

Ahora las feministas se meten hasta en nuestra cama

MACHISTÓMETRO:

MACHIRULO EN PRÁCTICAS

TE LO DESMONTO CON TRES ARGUMENTOS:

1. El sexo está profundamente influenciado por lo social. Cómo hemos aprendido a follar está marcado por la pornografía y el machismo.

2. El feminismo intenta identificar todo aquello que se nos ha impuesto y que reproduce roles sexistas y machistas.

3. Podemos estar en contra de la prostitución, de la pornografía y del BDSM, y que nos encante el sexo.

Cada vez que hacemos un análisis feminista relacionado con la sexualidad, despertamos una plaga. Es automático, a la que hablamos de pornografía, prostitución o BDSM, como por arte de magia aparecen señoros que gritan: «¡Las feministas se meten hasta en nuestra cama!». Su presencia responde a un sentimiento de rechazo hacia cualquier tipo de análisis crítico sobre las dinámicas o roles que reproducimos en el sexo y, como siempre, el mejor pesticida es una buena argumentación. Vamos a ello.

La idea que hay detrás es darle una capa de pintura nueva a los viejos «mojigata», «monja» o «puritana». Un tufillo de fondo que insinúa que las feministas estamos en contra del sexo. Y nada que ver, el feminismo solo nos aporta herramientas para analizar la realidad. **Cuando decimos: «Lo personal es político», nos referimos a que todo está marcado por la capa de lo social.** Y especialmente, el sexo.

¿Cómo hemos aprendido a follar? ¿Quién nos ha enseñado a hacerlo? ¿Por qué gemimos así? ¿Por qué cuando nos masturbamos no hacemos ruido, pero con otras personas sí? ¿Por qué hacemos estos movimientos? ¿Por qué usamos estas posturas? ¿Por qué nos agarran de la cabeza y aprietan cuando realizamos una felación?

El sexo no deja de ser una coreografía que hemos aprendido. Las feministas no nos metemos en la cama de nadie, pero **quien sí se ha metido en nuestra cama es el patriarcado y la pornografía**.

Quiero desmentir el mito de la intromisión: el feminismo no busca controlar la vida privada o las decisiones individuales de las personas, sino abrir un espacio para la reflexión y la elección consciente, en lugar de imponer normas. Problematizamos e intentamos identificar todo aquello que supone una imposición y que reproduce roles machistas y sexistas, especialmente en lo concerniente a la sexualidad.

Y sí, problematizamos la erotización de la violencia: ¿por qué dar una hostia está mal en cualquier contexto menos en el sexual? Y aquí alguien me dirá que no hay ningún problema si ambas personas lo consienten. Pero si yo estoy en plena calle y le pido a alguien que me pegue y, efectivamente, me pega, ¿deja de estar mal el acto porque yo se lo he pedido? Lo que plantea el feminismo es hacernos estas preguntas, sin estigmatizar ni hacer juicios de valor. ¿Qué ocurre en el sexo para que sea el único espacio donde pegar a alguien está bien? Y sí, planteamos erotizar más la ternura, el cariño y la pasión. Si en la pornografía no hubiese tanta violencia, ¿pensáis que les excitaría tanto? Y ahora estoy pensando en la frase: «Sin arcada no hay mamada», ¿en serio?

También problematizamos las relaciones de poder, la compraventa del consentimiento sexual o la normalización de prácticas sexuales abusivas. Problematizar algo no significa decir: «Esto está mal y punto»; lo que hacemos es analizar y plantearnos preguntas. ¿Por qué los hombres se excitan sexualmente con mujeres que no quieren follar con ellos? ¿Quién sentiría placer en una situación donde la otra persona no está lubricada ni excitada?

Situarnos en contra de la prostitución va mucho más allá de hablar de la libre elección de las mujeres prostituidas. **Nuestro principal foco como abolicionistas es rechazar el modelo que subyace en la idea capitalista y machista de acceder a la sexualidad de una mujer a través de un billete**, anulando por completo el deseo de la ecuación.

Porque cuando el consentimiento está comprado, cuando aparece el dinero de por medio, automáticamente entran en escena lógicas de poder y vulnerabilidad. La prostitución no va de sexo, va de poder.

Como dice Amelia Tiganus, no es lo mismo pasar la fregona que ser la fregona. Para la gente que piensa que la prostitución es un trabajo como cualquier otro: tú le podrías servir un café a tu padre, pero no hacerle una felación. Con este ejemplo llevado al extremo se entiende muy bien que la sexualidad tiene una carga moral muy importante. Hablamos de la intimidad, del placer y del deseo. Y que algo tenga una carga moral no es algo negativo. Cuando definimos qué es una agresión sexual, cuando definimos la edad mínima para tener sexo, estamos aplicando moralidad en el sexo.

Entiendo que es un tema complejo y con muchas aristas, pero desde el feminismo proponemos analizarlas. Muchas veces caemos en una especie de bloqueo: «como este tema es muy complejo, mejor lo dejamos estar». Todo lo contrario, que algo sea complejo debería ser un aliciente para analizarlo. Debemos hacernos preguntas e intentar llegar al fondo de la cuestión. Esto no va de decisiones individuales, es estructural y colectivo. Esta frase sugiere que el feminismo podría estar atacando la libertad sexual en vez de promoverla, cuando el objetivo feminista ha sido justo e contrario: liberar a las mujeres de los estigmas en torno a su sexualidad y permitirles tener una vida sexual satisfactoria y sin culpa.

NUESTRA RESPUESTA:
LO QUE SE HA METIDO EN NUESTRA CAMA ES EL PATRIARCADO.

El coño huele a pescado

MACHISTÓMETRO:

HIJO SANO DEL PATRIARCADO

TE LO DESMONTO CON TRES ARGUMENTOS:

1. Los coños no huelen mal, el olor vaginal es natural y varía según el ciclo hormonal.

2. Estos mensajes nos hacen sentir vergüenza hacia nuestro cuerpo y reflejan una cultura machista.

3. Genera que no estemos a gusto con el sexo oral porque nos causa rechazo.

Toda la vida hemos escuchado que nuestra vulva huele mal, fuerte o a pescado. No sabría identificar cuándo lo empecé a escuchar, ni dónde ni quién lo decía, pero lo he oído mil veces. El resultado de este machaque es que muchas mujeres acaban sintiendo rechazo y asco hacia su propio cuerpo. Y aprovecho que la frase anterior era eso de «las feministas se meten en nuestra cama», para responder con esto. Amor, el machismo se nos mete hasta en el coño.

Si lo analizamos bien, la frase: «La vagina huele a pescado» es un ejemplo de cómo los cuerpos de las mujeres han sido históricamente objeto de estigmatización y vergüenza, sobre todo en relación con su sexualidad y sus funciones biológicas.

Es decir, si nos dicen que nuestros coños huelen mal, ¿qué pretenden que hagamos con esto? ¿Cómo recibimos este mensaje? La respuesta más instintiva es querer ocultarlo y que nadie se asome por allá abajo, ni nosotras mismas. Este tipo de comentarios refuerzan una cultura machista que busca controlar y regular la sexualidad de las mujeres, asociando nuestro cuerpo con ideas de suciedad o impureza.

¿Cómo se ha transmitido este mensaje? Una de las principales formas son las campañas publicitarias de productos de higiene íntima; en concreto, hay un anuncio muy conocido que vende una crema para tratar la vaginosis bacteriana y en él sale una señora disfrazada de sirena diciendo: «Créeme, no todas estamos hechas para oler a pescado ahí abajo». No sé ni qué decir. Volvemos siempre al mismo bucle: **nos crean inseguridades, nos hacen creer que nuestro cuerpo está mal, y todo eso para hacer negocio**. Además, me parece irresponsable porque juegan con nuestra salud y provocan desconocimiento sobre nuestro cuerpo. Si realmente hubiese una preocupación médica, estos anuncios dirían: «Si te notas un olor diferente, ve a la ginecóloga».

Que quede superclaro: los coños no huelen mal. Quítate eso de la cabeza, sé que cuesta porque llevamos toda la vida recibiendo estos mensajes. Pero es que esa afirmación es indignante. Una parte del cuerpo en sí misma no huele mal. Obviamente, si sudas, los pies o las axilas olerán a sudor, pero cada aroma corporal es un mundo, y aquí entran mil variables: tu alimentación, cambios hormonales, tu higiene… Aunque aquí no se está hablando de esto, aquí lo que nos han dicho es que la vagina huele mal, independientemente de la higiene.

Sobre la higiene podríamos aclarar muchas cuestiones: para empezar, que el exceso de limpieza en las zonas íntimas hace que huelan más. Esto va en contra de la lógica, pero, en el caso de la vulva, pasarnos con la higiene provoca que eliminemos toda la flora beneficiosa, dejándola desprotegida e incrementando la probabilidad de infecciones.

Desde el punto de vista de la salud, es importante señalar que la vagina tiene su propio ecosistema de bacterias que ayudan a mantener su equilibrio y limpieza natural. Cualquier olor fuerte o desagradable es una señal de que algo podría estar desequilibrado, como una infección bacteriana (vaginosis), pero esto no es inherente a todas las mujeres ni a la vagina en su estado natural.

Esta desinformación, hecha a propósito por las empresas que se lucran de esto, **contribuye a una falta de educación sexual y sobre nuestra salud**, causando que las mujeres sintamos vergüenza o incomodidad con nuestros propios cuerpos.

Otra cosa: no hay que limpiarse con jabón, ni íntimo ni no íntimo, con agua ya está bien. El tema es que aquí hay mucha gente que quiere hacer negocio al provocar que creamos que nuestra vulva huele mal y vendiéndonos colonias, perfumes o jabones.

Este mantra causa que muchas mujeres rechacen sus coños; he conocido a algunas que me han dicho: «No me gusta que me lo coman porque me huele mal». ¿Perdona? ¿Te imaginas a un tío diciendo que no le gusta que le hagan una mamada porque le huele el pene? No, ya que ellos no tienen una industria detrás que les crea inseguridades y les cierra las puertas a disfrutar del sexo. Y no me sirve la excusa de: «Es que lo hacen mal». Si lo hacen mal, pues que aprendan.

Conclusión: reconciliémonos con nuestro cuerpo, que nadie te haga creer que el tuyo está mal.

NUESTRA RESPUESTA:
EL COÑO HUELE A COÑO.

La vagina se deforma al follar mucho

MACHIRULO EN PRÁCTICAS

TE LO DESMONTO CON TRES ARGUMENTOS:

1. Paco, por ahí pueden salir hasta bebés. ¿De verdad crees que tu salchicha puede deformarlo?

2. La vagina es elástica y tiene la capacidad de dilatarse y volver a su estado natural.

3. Estos mitos no son casuales, tienen como objetivo estigmatizar a las mujeres que disfrutan de su sexualidad.

Hay mitos que son ridículos y totalmente acientíficos, y este en concreto se lleva la palma. Que alguien traiga papel de aluminio para hacerle una corona al iluminado que cree que un pene puede deformarnos. De verdad, qué paciencia tenemos.

Yo pensaba que esto ya estaba más que superado; es lo típico que hemos escuchado en la adolescencia y que, por razones obvias, carece de lógica y sentido. Pues me equivocaba: por X siguen corriendo estos mensajes por parte de lo que hemos llamado «la nueva ola misógina»: hombres muy jóvenes y también muy machistas.

Muchas veces lo vemos en forma de meme: cogen capturas de vídeos de mujeres donde anuncian el número de hombres con los que se han acostado. Si ellos consideran que esa cifra es muy alta, ponen fotos de bocadillos de mortade-la dados de sí con el embutido arrugado y caído, como si fueran labios vaginales, para dar a entender que, de tanto sexo, el órgano se ha estropeado. Poesía, ¿eh?

Antes de entrar en el tema es necesario hacer una aclaración para la gente que piense que esto es simplemente una broma o un meme. Hay muchísimas personas que creen que esto es cierto, que la vagina cambia de forma con la penetración. No importa que lo hagan con memes y bromas: cuando el humor sirve para propagar el machismo, lo hemos de denunciar igual. Al final, hacer chistes es un medio para transmitir un mensaje, y no puede ser carta blanca para que dejemos de analizar ciertos temas.

Eso no significa que tengamos que prohibir los chistes, lo que digo es que **desde el feminismo hemos de señalar el machismo independientemente de cómo venga presentado**: tanto si es un discurso serio como una broma. Reivindico el derecho a analizar e identificar el machismo, aunque venga con un lacito de humor.

Para que quede claro: la vagina no se deforma al tener sexo. **La ciencia y el sentido común dicen que la vagina es un órgano elástico, que se puede adaptar y dilatar para luego volver a su forma original.** Es cierto que puede perder firmeza, pero básicamente esto se debe a dar a luz, a una bajada de estrógenos o simplemente al paso del tiempo; pero en ningún caso hablaríamos de deformidad, más bien de pérdida de elasticidad. Solo es necesario pensar en la función reproductiva. Nuestro cuerpo es lo suficientemente inteligente como para segregar un chute de hormonas que causarán que la vagina se dilate lo suficiente como para sacar a una bebé. ¿De verdad creen que un pene puede deformar la vagina? Es absurdo.

Además, para esta gente parece que la vagina solo se deforma cuando te acuestas con gente diferente. Lo hemos dicho antes: da la sensación de que, si llevas años teniendo relaciones sexuales con la misma persona, ahí no pasa nada y en ese caso tu vagina va a seguir intacta, aunque folles un montón. Pero parece que, si los tíos son diferentes, tu vagina automáticamente lo detecta y se deforma. Ridículo, ¿verdad? Pues hay muchísima gente que lo piensa.

Aquí vamos a la idea clave: estos mitos no son casuales y tienen una intención muy clara. Sirven para marcarnos y estigmatizar a las mujeres que disfrutan de su sexualidad, generándonos miedo a que nuestros cuerpos se deformen si nos acostamos con mucha gente. Esto lleva a un sentimiento de rechazo y a una estigmatización por parte tanto de los demás como de nosotras mismas.

Asimismo, incluso siguiendo su lógica, no tiene sentido: ¿por qué solo se deforma la vagina? ¿Es que a los penes no les pasa nada? ¿O sería demasiado doloroso para ellos pensar que los penes se desgastan cada vez que los usan?

Toca desmontar todos estos mitos absurdos que han contribuido a que sintamos rechazo y vergüenza de nuestra sexualidad. Las vaginas no se deforman follando, lo único deformado aquí son los cerebros de los machistas que piensan esto.

NUESTRA RESPUESTA:

LA VAGINA ESTÁ PREPARADA PARA PODER PARIR, ¿CÓMO SE VA A DEFORMAR CON EL SEXO?

El succionador de clítoris lo vuelve insensible

MACHISTÓMETRO:

HIJO SANO DEL PATRIARCADO

TE LO DESMONTO CON TRES ARGUMENTOS:

1. El clítoris está preparado para ser estimulado. Eso de que se «estropea» si lo usas demasiado refleja sus inseguridades.

2. Qué sospechoso que cuando se pone el clítoris, históricamente olvidado y menospreciado, encima de la mesa, salgan tantos ofendiditos.

3. Los succionadores no son ninguna amenaza para nadie, todo lo contrario: nos permiten disfrutar más de nuestro propio cuerpo.

Hay que tener muchísimas inseguridades para sentirse amenazado por un objeto. ¿Y sabes qué más hay que tener? Un ego muy muy frágil. Además, quien suelta algo así está reduciendo el sexo a la mera estimulación de los genitales, como si en el proceso no estuvieran involucradas otras sensaciones: los olores, los gemidos, la forma y movimiento de los cuerpos, el tacto de la piel, la mirada, el tono de voz, los besos…

A ver, claro que la estimulación de los genitales juega un papel importante. Precisamente por eso el Satisfyer representa un antes y un después en nuestra sexualidad: es uno de los primeros objetos dedicados en exclusiva a estimular el clítoris, la única parte del cuerpo humano pensada solo para el placer. Este es un gran ejemplo de cómo la tecnología nunca es realmente neutral; siempre responde a una intención, a una visión del mundo. En este caso, su diseño trae consigo una clara voluntad de emancipación para las mujeres: **ahora tenemos libertad para explorar y estimular nuestro placer sin depender de nadie más. ¿No será esto lo que asusta?**

Históricamente, las mujeres y nuestros cuerpos hemos sido ignoradas por los estudios científicos y clínicos. A los científicos (hombres) no les ha interesado hasta hace bien poco cómo funciona nuestro aparato sexual, o qué tipo de placeres (orgasmos) podemos sentir y cómo se producen. Es decir, «los asuntos de mujeres» como el clítoris, aunque también la endometriosis, la menstruación o la menopausia, se han estudiado muy poco o nada. Eso sí, estudios sobre píldoras anticonceptivas no nos faltan. No sea que vayamos a inventar una píldora anticonceptiva masculina y tenga que ser él quien se tome la pastillita.

¿Cuál ha sido el resultado? Pues que **el placer de las mujeres ha quedado relegado casi exclusivamente a la penetración vaginal, olvidando el clítoris por completo**. Es ahí cuando aparece el cuñado de turno y te suelta: «¿Ah, pero no te gusta que te penetren?». A ver, ¿usted qué cree? El sexo es complejo, no hay botones ni palancas mágicas que enciendan el placer de golpe. Hay que romper con esas ideas simplistas, igual que se debe acabar con la falsa división entre «mujeres clitorianas» y «mujeres vaginales».

Solo existe un tipo de orgasmo, el que se consigue mediante la estimulación del clítoris, lo hagamos de forma más directa o indirecta. Cuando las mujeres sentimos placer mediante estimulación vaginal, lo que ocurre en realidad es que se estimula el clítoris desde el interior de la vagina. Todo esto, que parece tan básico al leerlo, no se descubrió hasta hace unos años. La uróloga Helen O'Connell cartografió el clítoris al completo por primera vez… en 2005, cuando se descubrió que solo el 10 % es visible.

La reducción del placer femenino a la penetración, en parte, es también resultado de la creencia popular de que «encontrar el clítoris» es muy difícil. Se ha presentado como algo muy pequeño, muy frágil y sensible, como una pieza de porcelana que se puede romper en cualquier momento y a la que hay que cuidar con delicadeza extrema. **La representación científica y sexual del clítoris, además de uno de los ejemplos más claros de lo patriarcal que puede llegar a ser** la tradición científica, es la máxima expresión de la representación de la «feminidad» como algo muy sensible y quebradizo. De ahí frases como: «El succionador de clítoris lo vuelve insensible», como si nuestro clítoris no pudiese aguantar una hora de sesión con un succionador.

El Satisfyer ha sido revolucionario porque ha abierto la «caja negra» del clítoris. Más allá de ser divertidísimo, nos ha permitido hablar sin tapujos de nuestra anatomía y entenderla mejor, dejando atrás la idea de que el clítoris es solo un botoncito escondido. Para muchas mujeres, especialmente en relaciones heterosexuales, este desconocimiento tiene consecuencias: según un estudio publicado en *Archives of Sexual Behavior* en 2018, cuatro de cada diez mujeres en relaciones heterosexuales no llegan al orgasmo.

Así que, si tu pareja se siente amenazada por el succionador, estás en tu derecho de decirle que se ponga las pilas. Dile que aprenda cómo funciona el clítoris y que despliegue su creatividad a la hora de estimularlo porque tiene recursos: diez dedos y una lengua. Paco, espabila.

NUESTRA RESPUESTA:

LO QUE NOS VUELVE INSENSIBLES ES QUE NO SEPÁIS DÓNDE ESTÁ EL CLÍTORIS.

5.
MASCULINIDAD FRÁGIL

No hay nada más frágil
que seguir un guion
a rajatabla para ser
«un hombre de verdad».

Un hombre de verdad es de alto valor

MACHISTÓMETRO:

REY DE LA MISOGINIA

TE LO DESMONTO CON TRES ARGUMENTOS:

1. Esta frase es la máxima representación de cómo se promueve la masculinidad tóxica.

2. El «valor» de un hombre lo definen cosas como: riqueza, físico, control absoluto de su vida y —oh, sorpresa— su capacidad para conquistar y dominar a las mujeres.

3. Estos mensajes promueven un machismo rancio con muchísimo alcance en las redes, por lo que da la sensación de que ser machista está de moda entre la gente joven.

Lo podemos escuchar en todos los canales de la *manosfera*, en pódcast con millones de oyentes, vídeos en TikTok de chicos con un alcance que da miedo y hasta es el eslogan de gurús de la autoayuda como Llados. Para quien no sepa quién es Llados —qué suerte la vuestra—, es un señor que se ha montado una secta piramidal, donde ofrece cursos y charlas de pago para enseñar a los hombres a ser *hombres* de verdad. Porque sin él, claro, los hombres no son hombres, son calabacines, una llave Allen o el kilómetro 74 de la carretera a Pamplona.

Los «hombres de alto valor» son un refuerzo absoluto de la masculinidad hegemónica. Los gurús que lo promueven los definen como **un hombre con poder, con éxito económico, alejado de sus emociones o de la vulnerabilidad**. Lo que define el valor de un hombre es su cuenta bancaria abultada, aspecto físico, dominio de su propia vida y, para sorpresa de nadie, que sea capaz de conquistar y controlar a las mujeres.

Esta es la idea clásica de masculinidad que el patriarcado lleva años inculcando. Asombra que no avancemos en estos temas: promueven una obsesión insana por el físico (los famosos *burpees* de Llados), una lógica capitalista extrema (has de ser tu propio jefe), unos estándares de vida totalmente ajenos a la ciencia (dormir es de débiles) y, por supuesto, una misoginia brutal y absoluta.

La lógica que hay detrás también fomenta una competitividad entre hombres al implicar que ser de alto valor es necesario para destacar en un «mercado» de relaciones. En TikTok, **la idea suele estar ligada a consejos para mejorar el estatus propio con el objetivo de tener mayor éxito con las mujeres**, y muchas veces los creadores de contenico establecen una jerarquía entre hombres que cumplen con esos criterios y aquellos que no.

Este enfoque mercantilista y escalonado no solo reduce las relaciones a transacciones, sino que provoca que muchos hombres se sientan insuficientes o carentes de valor si no alcanzan estas expectativas. Parece que se penaliza que un hombre no sea un chungo que impone siempre lo que piensa o que tiene el poder en la relación.

Lo más preocupante es el sexismo y la cosificación que pueblan todos estos entornos. En TikTok o en pódcast como *Redpill*, se promueve contenido donde claramente los hombres nos ven como premios o accesorios que ellos «ganan» si cumplen ciertas normas. Esto no solo cosifica a las mujeres, sino que promueve la idea de que los hombres deben moldearse para ser vistos como superiores o dominantes. Todo mal.

En estos contenidos, se anima a los hombres a evitar la dependencia emocional y a mantener un perfil de fuerza y autosuficiencia. **Este énfasis extremo en evitar la vulnerabilidad es totalmente limitante y genera una castración emocional.** Les enseñan que depender de alguien o mostrar emociones como tristeza, inseguridad o miedo es una debilidad. El resultado: si quieres ser exitoso, olvídate de tus emociones. Algo supersano, vaya.

Los algoritmos de TikTok o Instagram tienden a amplificar contenidos que generan una reacción fuerte, por lo que estos vídeos, tan misóginos y polarizantes, acaban saliendo una y otra vez y son consumidos por muchos chicos jóvenes. Además, que estos contenidos tengan tantísimas visitas y *likes* generan una falsa sensación de universalidad, como si esta versión de la masculinidad fuera la única válida y deseable.

Desde el feminismo debemos problematizar la masculinidad, tanto por los malestares que genera en los hombres como por los que genera en las mujeres. Esta frase la dijo Olmo Morales en un debate de *Abro paraguas* y se me quedó supermarcada.

Identificamos tres problemas alrededor de la masculinidad: primero, su contenido. El trasfondo que hay detrás de este concepto es totalmente deshumanizante y turbio. Invitar a alguien a que reprima sus emociones nunca será algo saludable. Segundo, la jerarquía que impone en la sociedad. **Los valores asociados a la masculinidad se premian en este sistema y, además, los valores asociados a la feminidad se entienden como inferiores.** Todo lo que se vincule a la sensibilidad, ternura o cuidados se posiciona como algo inferior a la fuerza, la dureza y la racionalidad. Y, por último, que se asigne la masculinidad y feminidad a un sexo concreto. Los hombres han de ser masculinos y las mujeres, femeninas. Si nos salimos de esta dupla, el sistema colapsa. Este caldo de cultivo es el origen de la misoginia y la desigualdad entre hombres y mujeres.

NUESTRA RESPUESTA:

UN HOMBRE «DE VERDAD» ES EL QUE NO OPRIME A NADIE.

Los hombres de verdad no lloran

TE LO DESMONTO CON TRES ARGUMENTOS:

1. No hay hombres de verdad y hombres falsos. Simplemente hay hombres.

2. Esta distinción entre el macho y el mariquita es pura homofobia, y limita a los hombres en la expresión de su tristeza.

3. No manifestar los sentimientos no solo afecta al individuo, sino también a su entorno. Es muy duro tener que relacionarse con alguien castrado emocionalmente.

El cuerpo femenino y el cuerpo masculino tienen las mismas capacidades físicas para llorar. No hay distinción. Todo el mundo tiene una anatomía preparada para ello —esto va para nuestros amigos de «la biología lo es todo»— y todo el mundo hace uso de ella en algunos momentos de la vida, en especial cuando explotamos de emoción o nos sentimos tristes. Y es bueno que sea así. Imagínate tener que reprimir todas esas lágrimas de pena.

Entonces ¿de dónde sale esta idea de que los hombres no pueden llorar? Para empezar, esta frase busca establecer una distinción entre los hombres «de verdad» y los «de mentira»; es decir, entre aquellos que se ajustan al canon esperado de la masculinidad y aquellos que lo traicionan. Pretender que hay hombres reales y hombres falsos es tóxico a más no poder. **El patriarcado ha construido esta distinción con tal de justificar la existencia de un hombre más fuerte, más real, más verdadero, que se distingue del hombre farsante, el llorica, el débil.** Para ello, ha construido la falacia de que ser fuertes implica no poder mostrar debilidad por nada ni por nadie y, como consecuencia, muchos hombres han sido educados pensando que llorar es un signo de debilidad.

La construcción social de la masculinidad impide mostrar vulnerabilidad por algo o por alguien, y potencia en su lugar la fuerza y dureza emocional. Así, el llanto es percibido como un signo de debilidad o feminidad, por lo que se espera que los «hombres de verdad» o «los hombres de alto valor» repriman cualquier emoción que pueda considerarse vulnerable, como la tristeza o el dolor. Esta castración emocional que impone el patriarcado a los hombres también los daña y les impide desarrollarse plenamente porque no logran acceder a todo el abanico de emociones que implica ser humano. Como consecuencia, su capacidad expresiva se ve restringida porque el llanto, al fin y al cabo, es también una forma de expresión. Y no se trata de tener que estar el día entero llorando por todo; nadie dice eso. De lo que se trata es de no reprochar a alguien que llore, es inhumano.

Es muy cruel obligar a alguien a que reprima sus emociones, e incluso peligroso: el daño psicológico, la desconexión emocional y la disfuncionalidad en relaciones interpersonales están latentes en muchos hombres. Y, una vez más, la contraparte también nos la llevamos nosotras: **en una sociedad heteronormativa, las mujeres debemos lidiar con seres castrados de emociones**. Esa situación es mucho más triste y cruel de lo que pueda parecer a simple vista. Tener dificultades para leer emocionalmente a nuestra pareja, a nuestro hijo o a nuestro amigo hasta el punto de sentir incluso incomprensión total es desquiciante. ¿Cómo vincularse emocionalmente con hombres que han aprendido a no mostrar sus sentimientos? Se genera un ambiente cargado, una olla a presión que puede estallar en cualquier momento.

Sin embargo, si hay algún tipo de emoción que se ha potenciado en hombres son aquellas que promueven hacerlos estallar. Tienen barra libre para enfadarse, para explotar y para mostrar su ira, aunque también para su euforia irracional, ya sea al abrazarse con el de al lado durante un concierto de rock, al celebrar un gol durante el mundial o al besar a su compañera de trabajo en el ascensor. La agresividad y la euforia desmedida y sin razón es algo que se ha impulsado, celebrado y premiado en el género masculino, es ese pequeño rincón en el que se les permite canalizar sus reacciones emocionales y expresar algo.

Pero ¿qué ocurriría si el escenario no fuera de celebración, sino una tragedia? ¿Cómo gestionan los hombres la tristeza, el duelo o el miedo? ¿Qué alternativas ofrece esta idea nociva de masculinidad? La verdad es que la oferta de alternativas es escasa. De hecho, la única opción es un mundo feminista donde el proceso de socialización masculino permita no solo expresar sentimientos de tristeza o de pena, sino también buscar nuevas formas de masculinidad que huyan de la toxicidad patriarcal.

NUESTRA RESPUESTA:
LOS HOMBRES LLORAN (Y SI NO, DEBERÍAN).

No te comportes como una niña

MACHISTÓMETRO:

MACHIRULO EN PRÁCTICAS

TE LO DESMONTO CON TRES ARGUMENTOS:

1. El machismo entiende que «comportarse como una niña» es un insulto. Para la gente que dice que el machismo ya no existe.

2. Se usa esta frase para calificar cosas de «débiles», lo que discrimina a las mujeres y coarta la libertad de los hombres.

3. El problema de esta frase es que refuerza la idea de que hay comportamientos «de niño» y «de niña».

Cuando creías que te habías librado, aquí está de nuevo. Como en una peli de terror, acecha tras las puertas, dentro de los armarios, en cada esquina que gires: es el machismo imponiéndonos cómo tenemos que ser. Para los fans de los argumentos de la biología: este «no te comportes así, que eso es de niñas», es la mayor prueba de que lo que moldea nuestras conductas es especialmente la capa social. Y aquí vemos cómo el género opera como un corrector: «Los niños hacen cosas de niños», «las niñas hacen cosas de niñas». ¿Puede haber algo más limitante y turbio? ¡Dejad a la infancia en paz!

Y sí, claro que las niñas y los niños se comportan diferentes. Si tenéis hijas o hijos lo veréis, ellas tenderán a pedirlo todo rosita, de princesas y maquillaje. Ellos querrán un coche, un balón o jugar a la Play. ¿Esto se debe a la biología? Hombre, Paco, pues no. Esto se debe a que entras en una tienda de juguetes y claramente ves cuáles son los pasillos para niñas y para niños. La segregación sexual es profundamente sexual. No hay nada en los genes que determine nuestros gustos. La construcción de todo esto es social.

Aprovechemos este espacio para dejar una cosa clara: **el machismo usa una y otra vez los mismos argumentos inútiles para intentar afianzar sus mandatos**. Cada día, les inventa una nueva versión, una forma diferente de aplicarlos o una referencia innovadora que los hace sonar actuales y hasta punteros. No lo olvides: por más que lo vistan diferente, siempre es el mismo argumento. Y, como en las películas de miedo, una vez que descifras que después de un giro de cámara repentino viene un susto, aprendes a esperártelo. Y nunca vuelven a darte miedo.

Esta frase tiene principalmente dos problemas: el primero, asignar concuctas y comportamientos a niños y niñas. El segundo, entender que las cosas de niñas son inferiores y son producto de insulto para los niños. No solo es que nos impongan una forma de ser, es que encima, «comportarte como una niña» es algo peyorativo.

El resultado es demoledor: nosotras mismas hemos integrado que «lo femenino» es inferior, de ahí que veamos a tantas mujeres y hombres meterse con el rosa, con lo cursi. Las «cosas de chicas» siempre han sido objeto de burla o desprecio, solo hace falta pensar en la reacción social que hubo con el fenómeno de Barbie, con Justin Bieber, Taylor Swift o, literalmente, cualquier producto cultural que se asocie con las mujeres.

Asociar gustos concretos a cada sexo es muy limitante. Esta restricción puede extenderse a actividades que les gustaría practicar, estudios o trabajos a los que querrían dedicarse, gustos personales e incluso a las herramientas que adopten a la hora de lidiar con la tristeza, la ira, la incomprensión o el cansancio. Lo peor es que, al haber creado esta distinción mental en la infancia, la asumirán como propia y les costará mucho desprenderse de ese juez interior que coarta su libertad. Repetir esta frase a niños y niñas pequeños no solo condiciona su presente, también lastra su futuro y les aleja de sus verdaderos deseos.

¿Qué son, en general, las «cosas de niñas»? La mayoría de las veces que se utiliza esta frase, se emplea para definir algo considerado débil: las niñas lloran, las niñas se quejan, las niñas son delicadas, les gusta bailar, cantar, jugar con sus muñecas, el maquillaje y la ropa bonita. Jugar a papás y mamás o simular que están criando a un bebé en forma de muñeco.

Cuando alguien recrimina a su hijo que le interese alguna de esas «cosas de niñas», le está diciendo que hay aficiones, deseos o gustos menos válidos que otros. **En el centro de la frase hay un machismo que considera inferiores ciertas actitudes y que, por lo tanto, solo se las permite a las mujeres.** Y además aparece otra variable, que es la homofobia: si tu niño está actuando «como una niña» quizá es que es gay. Este triple salto mortal siempre me ha dejado loca.

Parte de esa corrección de conducta en los niños, especialmente cuando son varones, es por un temor a una posible homosexualidad. Detrás de esto hay mucho machismo, como hemos visto, y una derivada totalmente homófoba. Se asume que cuando un niño está interesado en «cosas de niñas» es porque le gustarán los hombres. Esto, que lo lees y piensas: «Madre mía, qué absurdo», lo tenemos superintegrado en nuestra mente. Hasta personas dentro del colectivo te dicen: «Yo soy gay desde pequeño porque jugaba con muñecas».

Y siempre he pensado: «Qué cosa más sexista. Jugar a muñecas ni es ni de niñas ni es de gais».

> **NUESTRA RESPUESTA:**
> # NO HAY COSAS DE NIÑAS O COSAS DE NIÑOS.

Le pego a la pared para no pegarte a ti

TE LO DESMONTO CON TRES ARGUMENTOS:

1. Actuar así demuestra falta de gestión emocional. Se evita la vulnerabilidad a toda costa y se sustituye por violencia.

2. Aunque la violencia no esté dirigida a otra persona, el ambiente de agresividad genera miedo e intimidación.

3. Normalizar este tipo de violencia solo allana el terreno a otros estallidos más intensos. Huye.

Un hombre se enfada, pierde los papeles y, en cuestión de segundos, empieza a golpear cosas a su alrededor. Primero una pared, luego la puerta, tal vez hasta algún mueble. Y, claro, termina con los nudillos destrozados, respirando acelerado y sin haber resuelto absolutamente nada. Como si esa energía que siente dentro tuviera que salir a la fuerza, de una forma espectacular y sin importar los destrozos que cause. Espero que solo hayas visto esta escena en series o películas, aunque no me extrañaría nada que te hubiera tocado vivirla en la realidad. ¿Te has preguntado de dónde viene esa reacción? ¿Es realmente necesario «descargar» de esa forma? Vamos a darle una vuelta a este tema porque madre de dios.

Empezamos nuestro camino por la falta de gestión emocional. Reaccionar así denota grandes problemas para controlar la ira y el enfado. Y aquí hago una puntualización que suele pasarse por alto. Yo misma he dicho: «El sistema ha castrado emocionalmente a los hombres», pero no es tan sencillo, **no todas las emociones están censuradas para ellos. Lo que ocurre es que solo se prohíben aquellas que culturalmente se asocian con la debilidad o la ternura**, como llorar o mostrarse cariñosos. Expresar frustración golpeando una pared, en cambio, aún es aceptable porque no se ve como una señal de vulnerabilidad, sino casi como un acto que «demuestra carácter». Entonces, cuando alguien golpea cosas, más que desahogarse, está emitiendo una especie de grito interno que no puede o no sabe comunicar de otra manera.

De ahí llegamos a la cuestión del monopolio de la violencia. Culturalmente, la violencia física y la ira se asocian con la masculinidad y la virilidad, no como un rasgo negativo, sino como un matiz identitario. Y eso no quiere decir que todos los hombres golpeen cosas, pero sí significa que, si se da un golpe o una reacción violenta, la probabilidad de que venga de un hombre es bastante alta. El 92 % de los homicidios en España son cometidos por hombres según cifras del INE de 2023, mientras que la OMS en su artículo de *Violencia contra la Mujer* de 2021 nos muestra que el 30 % de las mujeres han sufrido violencia física por parte de sus parejas *versus* el 10 % de hombres. Normalizamos tanto la violencia que nos acostumbramos a vivir alrededor de personas a las que consideramos «bombas de relojería», siempre a punto de estallar y arrasar con lo que tengan alrededor.

Por último, está el tema de justificarlo con un clásico: «Bueno, pero solo ha golpeado la pared». Ah, claro, faltaba más… ¡Qué considerado! Si todavía vamos a tener que agradecer no haber sido nosotras las receptoras de su estallido. En serio, no minimicemos esto. La respuesta ante un «le pego a la pared para no pegarte a ti» no puede ser «qué detalle, gracias por no pegarme». No pasemos por alto que esta frase encierra una amenaza sutil, un «ojo, que lo próximo podría ser tu cara». Por lo tanto, la sensación no es de alivio o tranquilidad. Al contrario, se produce un clima de intimidación y miedo muy difícil de ignorar para la persona que ha presenciado cómo su pareja destrozaba los muebles de casa. A partir de este momento, es probable que en situaciones que prevé que puedan desencadenar reacciones violentas, intente minimizar los problemas o no le cuente sus preocupaciones al hombre con quien convive por miedo a que se cargue un tabique, quién sabe si el que separa el salón de la cocina o el de su nariz.

Esta actitud es una *red flag* de manual. Se trata de un primer estadio de violencia que podría ir escalando porque golpear una pared hoy puede ser el inicio de una espiral en la que la agresividad se vuelve progresivamente más aceptada. Así que, si alguien reacciona de esta forma en una discusión, eso no es un signo de «expresión emocional»; **es un aviso claro de que no sabe gestionar lo que siente de manera sana y puede terminar en un lugar mucho más oscuro**. No lo normalicemos. La violencia, aunque se dirija solo hacia una pared, nunca es normal. Actuar de este modo no ayuda a resolver nada y solo perpetúa una idea de masculinidad que necesita ser repensada desde la base. Un estallido como este es un síntoma de que hay algo que tratar, y no una celebración porque podríamos estar lamentando consecuencias todavía peores.

> **NUESTRA RESPUESTA:**
> # PRIMERO VA LA PARED, LUEGO IRÉ YO. ¡BASTA!

Ya te explico yo de qué va todo esto del feminismo

TE LO DESMONTO CON TRES ARGUMENTOS:

1. Los falsos aliados instrumentalizan el feminismo por sus propios intereses; no les importa nuestra opresión, solo buscan nuestra validación.

2. Hay muchos que utilizan el feminismo como una fachada para atraer mujeres o posicionarse como «los buenos».

3. Está muy bien compartir *reels* de feministas, pero ¿quién friega todos los días los platos?

Cuando un hombre pretenda explicarte y darte lecciones sobre qué es el feminismo, ¡cuidado! Ahí no es, chicas. Cada vez más hombres se identifican como aliados feministas y, en teoría, es una buena noticia. El feminismo nos interpela a todas y a todos —aunque es cierto que de forma distinta— y al final toda la población tiene un rol dentro de sus filas. Sin embargo, entre este grupo de aliados hay muchos que emplean el feminismo para obtener validación, acercarse a mujeres o que los consideren «los buenos» en un contexto donde lo políticamente correcto está de moda. Y aquí empieza el problema: ¿cómo identificamos a un machista disfrazado de hombre con valores feministas?

Cuando un hombre que dice ser aliado del feminismo tarda dos segundos en explicarnos qué es este movimiento o cómo deberíamos llevar nuestra lucha, lo que realmente está haciendo es reproducir las mismas dinámicas de poder que dice rechazar. ¿En serio necesitamos que alguien nos explique nuestra propia opresión? **Este falso aliado olvida que su papel no es liderar ni educarnos, sino escuchar, aprender y apoyar desde un lugar de humildad.** El feminismo, para él, se convierte en un escenario más donde brillar, reforzando su protagonismo en lugar de cuestionarlo. Y eso es, al fin y al cabo, una expresión más del machismo.

¿Te imaginas a una persona blanca explicándole qué es el racismo a una negra? ¿Una mujer que no es madre explicando qué es la maternidad a otra que sí lo es? ¿Un hombre hablándonos sobre qué se siente al abortar? ¿Al tener la regla? ¿O la menopausia? ¿Una persona con las piernas bien sanas explicándole a otra en silla de ruedas qué se siente al no poder andar?

No quiero caer en un dogma identitario absurdo: claro que hay mujeres machistas, claro que hay hombres que han leído sobre feminismo y toman conciencia de verdad. Es cierto que existen hombres que se han trabajado para dejar de ser machistas —porque nadie nace feminista en este sistema— y también existen mujeres que reproducen los mantras misóginos a pies juntillas. Nadie niega ni cuestiona esta realidad. Las mujeres no somos seres de luz, ni las feministas, perfectas.

Dicho esto, no podemos ignorar el auge de hombres que ven el feminismo como una herramienta para resultar más atractivos y ligar. Han entendido que posicionarse como deconstruidos les da puntos en la narrativa de lo políticamente correcto, pero muchas veces su interés no va más allá de impresionar a mujeres. No hay un trabajo real, **lo que hacen es aprenderse el discurso y repetir eslóganes**.

El problema es que, mientras lanzan frases como: «Todos los hombres somos unos privilegiados» o «yo siempre reviso mis actitudes machistas», siguen reproduciendo dinámicas de control, celos o infantilización en sus relaciones personales. Lo que ha ocurrido es que han aprendido el lenguaje, pero no han hecho el trabajo real. Y es peligroso porque se camuflan como aliados mientras perpetúan la misma opresión que dicen combatir.

Otro fenómeno común es el del hombre que abraza el feminismo porque es tendencia, pero que no está dispuesto a incomodarse ni a cuestionar sus propios privilegios. Participan en debates, comparten publicaciones feministas, denuncian a otros hombres…, aunque en su vida cotidiana no mueven un dedo para cambiar las estructuras que nos perjudican. ¿Cuántas veces hemos visto esto? ¿Quién asume la carga mental y el trabajo emocional en sus relaciones? Porque está muy bien compartir *reels* de feministas, pero luego ¿quién friega todos los días los platos? Y en sus círculos de amistad, ¿cómo actúan con sus propios amigos que hacen bromas machistas? La performatividad de su feminismo no va acompañada de acciones concretas que lo demuestren. **El feminismo de escaparate no es feminismo, es egoísmo disfrazado.** Aprendeos esta frase a fuego: el feminismo que no incomoda es marketing.

Es fácil proclamarse feminista cuando no tienes que cargar con las consecuencias. No obstante, ¿dónde están cuando se necesita que los hombres hablen entre ellos sobre violencia de género, privilegios o consentimiento? Esto lo hemos visto clarísimo con el caso de Errejón y con el nuevo #MeToo: ¿dónde estaban todos los hombres que se proclaman feministas? La gran mayoría, callados.

Muchas estaréis pensando: vale, Júlia, pero ¿cómo lo han de hacer los hombres? ¿Cómo pueden ser aliados del feminismo de verdad? **La clave está en no dejar que el feminismo se convierta en una etiqueta más para reforzar su ego masculino.** Como mujeres feministas, tenemos derecho a exigir coherencia:

- Si un hombre dice ser feminista, que lo demuestre con sus acciones, no solo con palabras bonitas.
- Que renuncie al protagonismo, su rol es estar en segundo plano.
- Que asuma su incomodidad y se responsabilice de educar a otros hombres, no de venir a decirnos cómo luchar.

Los aliados de verdad no necesitan aprobación constante. Saben que el feminismo no es un escenario para ser aplaudido, sino un compromiso para desmontar al sistema machista, que en esencia ya les favorece. Esto siempre me ha llamado la atención: cuando llega el 8M se viralizan siempre imágenes de hombres sin camiseta con una pancarta en plan «mujer bonita es la que lucha» o cosas así. Y, bueno, sin entrar a comentar la frase y que la forma de elogiarnos sea llamarnos «bonita», sigue siendo sorprendente que, en una manifestación con miles de mujeres para hablar de la violencia contra nosotras, lo que se viralice sea la foto de un señor sin camiseta llamando la atención en nuestros espacios.

Y es que, a ver, quienes se suben al barco solo porque es «lo correcto» o, directamente, para ligar con mujeres tienen que parar. Ser feminista implica que te cuestiones profundamente tus privilegios y renunciar a muchas comodidades. Implica un reparto igualitario de las tareas del hogar. Que exista una corresponsabilidad real en materia de maternar y paternar. No queremos oír a Paco repetir los eslóganes feministas, queremos que Paco no reproduzca dinámicas machistas del sistema.

NUESTRA RESPUESTA:
ESCUCHAD MÁS Y EXPLICAD MENOS.

6.
MATERNIDAD

Queremos ser madres sin sentir presión ni culpa. Queremos no ser madres sin sentir presión ni culpa.

Te completas como mujer cuando eres madre

TE LO DESMONTO CON TRES ARGUMENTOS:

1. «Mujer» y «madre» son dos conceptos diferentes. Que todas las madres sean mujeres no quiere decir que todas las mujeres tengan que ser madres.

2. Ser mujer no es completar piezas de un puzle y ser madre no es la ficha final que nos da el carnet de mujeres completas.

3. Si eres madre, mal; si no eres madre, también mal.

En algún momento, a alguien se le ocurrió que ser mujer o ser hombre era tachar objetivos de una lista, conseguir las piezas de un puzle, pasarse pantallas de un Mario Bros del género y coleccionar las recompensas hasta unirlas todas para conformar Una Mujer de Verdad™. Esta gamificación tan estupenda que ha abierto, entre otras, la puerta de las *tradwives* —¡eso sí es una mujer de verdad, que cocina, que limpia, que lleva vestidos y habla en susurros!— también nos ha dado la cara contraria de la moneda: si no cumples con toda la lista es que no eres una mujer completa. ¿Y cuál de todos esos puntos en el inventario de cómo ser mujer está en mayúsculas, marcado en negrita y subrayado con un estridente fosforito? Por supuesto, ser madre.

Para responder a esto, vamos a irnos a lo más básico de lo básico. Que todas las madres sean mujeres no quiere decir que todas las mujeres tengan que ser madres. Simple, ¿verdad? Por lo visto, no tanto como para fijarse en la mente del machista de turno. Que aún nos veamos obligadas a separar los conceptos «madre» y «mujer» parece una broma de mal gusto, pero es una demostración de que muchos preceptos del machismo conservador todavía siguen haciendo mella en la actualidad.

Lo que nos quieren hacer creer al repetírnoslo es que, de algún modo, quien elige no ser madre está perdiendo una pieza fundamental de su ser y que, por lo tanto, siempre será una persona incompleta. No hay nada más peligroso que empezar este concurso de méritos para ser mujer. Por eso la respuesta debe ser siempre rotunda: **no somos más ni menos mujeres por ser madres**, ya sea por decisión propia o porque no podemos por razones económicas, biológicas o circunstanciales.

Tampoco varía según a qué nos dediquemos, qué nos entretenga en el tiempo libre, quién nos guste o a quién votemos. Hacernos sentir así es una estrategia común del machismo y la homofobia, que, por ejemplo, también engendró el adjetivo «marimacho» para atacar a las lesbianas que rechazan los códigos estéticos comúnmente asociados a la feminidad, como el pelo largo, el maquillaje, las faldas o vestidos... Esa argumentación por la que, si no te gusta todo eso —¡ni los hombres!—, eres menos mujer es la misma que se intenta aplicar en este caso.

La lógica es igual: arremeter contra nuestra identidad si no cumplimos con lo que se espera de nosotras. Todos los que se atreven a sugerir que nuestras decisiones personales nos alejan de nuestra identidad deberían saber que a día de hoy es imposible que una mujer se olvide de que es mujer. Nos lo recuerdan los desconocidos que nos acosan por la calle, los jefes que ignoran nuestra valía a costa de ensalzar a un compañero varón, los supuestos amigos que se aprovechan de nosotras para agredirnos sexualmente, cada una de las violencias del día a día que apuntan su mira hacia nosotras precisamente por esa identidad que alguien asegura que ha desaparecido.

Por desgracia, la maternidad es un tema que el machismo ha sabido usar perfectamente para hacernos sentir culpables. Si eres madre, lo haces mal. Si no eres madre, también mal. El fantasma de mala madre o mala mujer siempre está sobre nosotras. Tomemos la decisión que tomemos. Y para hablar de la no-maternidad lo mejor que puedo hacer es recomendaros la película *Mamífera*. Es literalmente brutal y plasma a la perfección toda la presión social que siente una mujer que no quiere ser madre.

NUESTRA RESPUESTA:

NO SOMOS PIEZAS QUE NECESITEN SER COMPLETADAS.

Tu prioridad es tu hijo, no tu carrera

TE LO DESMONTO CON TRES ARGUMENTOS:

1. Si hay dos progenitores, ¿por qué la prioridad de la crianza tiene que ser solo para la mujer?

2. La asociación madre-mujer es tan fuerte porque hemos creado todo un sistema económico, basado en la falacia de que la crianza es una responsabilidad femenina, que funciona a costa de negar a las mujeres la posibilidad de trabajar.

3. El machismo usa a las mujeres como cabeza de turco en lugar de cuestionar un modo de vida capitalista que apenas nos deja tiempo de ocio, cuidados, familia…

Reconozco que, fuera de contexto, esta frase no tendría por qué ser negativa. Optar por priorizar la crianza y el tiempo con tu hijo en lugar de tu carrera laboral es una decisión lícita que cualquier padre o madre puede tomar sin que merezca ser juzgado ni criticado. Entonces ¿cuál es el truco? Que los datos nos demuestran que, en la práctica, quienes se enfrentan a esta encrucijada son mayoritariamente mujeres. Una y otra vez, las falsas creencias que hacen ver que las mujeres deben ser las cuidadoras y que si no abandonan su trabajo son peores madres, **intentan**

que la responsabilidad de la crianza caiga sobre ellas y no sobre ellos. Como resultado, acabamos con una realidad profundamente injusta, en la que un 29 % de las mujeres han dejado de trabajar en algún momento para cuidar, frente a un 7 % de los hombres, como desveló en 2023 el estudio *Las mujeres y los hombres hoy: ¿igualdad o desigualdad?,* de Laura Sagnier. Cuando existe tanta disparidad en una elección que debería ser personal, debemos preguntarnos qué mecanismos condicionan lo que está ocurriendo. Así que vamos a ello.

Para empezar, ¿por qué la asociación mujer-madre todavía pervive con esta fuerza? En gran parte, se debe a que vivimos en un sistema económico basado en que las mujeres se encarguen de la crianza. Para entendernos rápido, piensa en una de esas casas estadounidenses de los cincuenta, con un marido que se marcha cada día a la oficina y una mujer que se queda al cargo de la casa y la crianza de los niños. A todos los efectos, nuestro sistema económico actual nos pide que mantengamos esa división porque, por más que hayamos avanzado en los derechos sociales, la realidad es que la carga que nos impone el día a día no nos permite conciliar los cuidados no remunerados con los puestos asalariados. Cuando las mujeres trabajaban en casa —porque la organización del hogar y la crianza también son trabajos, aunque no cobrasen por ello— y el sueldo de una única persona era suficiente para mantener a una familia, el sistema funcionaba. Sin embargo, cuando los avances sociales abrieron el mundo laboral a la mujer, el castillo de naipes se empezó a desmoronar. De repente no había horas para el trabajo y la crianza, y se debía priorizar uno u otro. Y no por culpa nuestra, sino porque una estructura que necesita coartar las libertades de la mitad de la población para funcionar es una estructura que solo está bien en apariencia.

A día de hoy, pedir a alguien que trabaje cuarenta horas semanales por un sueldo mínimo, crie a uno o varios hijos o hijas, tenga vida social y tiempo para el ocio, haga deporte, dedique tiempo a sus redes de afectos y un largo etcétera es, sencillamente, una locura. Pero es la locura sobre la que está construido el capitalismo y desmontar todo un sistema socioeconómico no es algo que se haga de un día para otro. Por eso, cuando sentimos que la vida nos queda grande y que el estrés por llegar a todo nos supera, es más tentador recurrir a la solución de que la mujer deje de trabajar que cuestionarnos un modo de vida que nos organiza a escala individual, regional, nacional y mundial.

Y caemos en una trampa horrible del sistema: **trabaja, pero que no se note que eres madre. Sé madre, pero que no se note que trabajas**. Y lo que más rabia me da de todo es que esta dicotomía solo existe en nosotras. Nos presionan absolutamente por todos lados, exigiéndonos que seamos Superwoman, mientras que a los hombres como padres el sistema les demanda algo irrisorio. Y cuando cumple con lo mínimo son unos «padrazos». Si queremos que la sociedad avance, necesitamos repartir equitativamente la responsabilidad de la crianza entre padres y madres. Es profundamente injusto que en esta sociedad la maternidad se viva como un campo de minas, mientras que la paternidad es un campo de flores.

Claramente hay cuestiones del sistema que han de cambiar; no es normal que el capitalismo sea uno de los peores enemigos de la crianza respetuosa. Pero con respecto a cómo nos organizamos como familia o pareja tenemos muchísimo por recorrer. Estoy harta de ver a mujeres literalmente sin vida a raíz de la maternidad, y padres que cada semana se van al pádel tan felices.

NUESTRA RESPUESTA:
TU PRIORIDAD ES TUYA Y DE NADIE MÁS.

Si no tienes hijos o hijas, te vas a arrepentir

TE LO DESMONTO CON TRES ARGUMENTOS:

1. Intentar imponer una opinión como esta es infantilizar el criterio de las mujeres y disfrazar los prejuicios de condescendencia.

2. El miedo siempre se ha usado como arma en contra de las mujeres.

3. ¿Por qué nadie habla de las mujeres que se han arrepentido de ser madres?

Que nunca falte una buena amenaza, claro que sí. ¿Para qué tener una conversación argumentada y coherente cuando existe la opción de intimidar a una mujer con frases como esta? Con expresiones así se intenta culpabilizar a quienes expresan que no quieren ser madres, que, según un reportaje de RTVE de 2023, son una de cada diez mujeres. La maternidad aún es un campo de batalla dialéctico y decir en voz alta que tener hijos o hijas no está en tus planes es el equivalente a colgarse en el pecho una diana enorme y pasearse con los ojos vendados por un campo de tiro.

Hay muchas preguntas que podemos hacernos si escuchamos esto. ¿Por qué siempre somos las mujeres las que recibimos estas críticas? ¿Por qué parece que solo puedes arrepentirte de no tener hijos o hijas y no de haberlos tenido?

¿Por qué alguien se siente con la libertad de juzgar una decisión personal sobre la que no le han preguntado? Por no repetirnos, porque llevamos ya unas cuantas páginas desmontando algunas de estas situaciones, vamos a quedarnos con la última pregunta: ¿qué lleva a alguien a considerarse más capacitado y mejor informado que la mujer que está diciendo que no quiere ser madre?

Aquí entran varias cuestiones. Algunas de ellas ya las hemos hablado: un capitalismo exacerbado que nos quiere colocar en el rol de madres, un patriarcado conservador que insiste en condicionar nuestra vida a la gestación y la crianza, y un histórico cultural obstinado en vendernos que estamos destinadas a ser madres. No obstante, esta frase esconde algo más, dos armas recurrentes en el machismo: la infantilización y la condescendencia.

«Si no tienes hijos o hijas, te arrepentirás» es un ataque directo disfrazado de preocupación, un «hago esto por ti» teñido de condescendencia, porque **quien dice esto finge que acepta una decisión ajena que, sin embargo, está criticando**. Si de verdad aceptas nuestra decisión, déjanos en paz. No necesitamos una opinión que no hemos pedido y si nos la estás dando es porque crees que no nos corresponde a nosotras tomarla.

Por otro lado, y sobre todo cuando es un hombre quien dice esto, cabe preguntarse sobre qué base creen que saben mejor que nosotras qué nos hará felices. Como si el embarazo, la lactancia, el posparto, la crianza de los primeros años o lo que implica la maternidad durante toda una vida fueran experiencias que pudieran vivir o entender desde nuestro punto de vista. Nadie más que tú vive en tu cuerpo, nadie más que tú va a tener que vivir con las consecuencias de tus decisiones.

@UsuariodeX

Es que no puedo con «no estás completa **si no tienes hijos**» o «es lo mejor que te puede pasar en la vida» o «te vas a **arrepentir** de no tener» Pues oigan, igualmente no compro. Lo mismo si se alinean los planetas me decido a ser madre, pero no lo veo…

♡ 146   ⟲ 1,4k   ♡ 2,3k   ↑   🔖

Es una verdad incontestable y **pensar que una mujer no tiene sus razones para decidir no ser madre es un ejercicio de infantilización y desprecio a su capacidad crítica.** No dejes que nadie influya en lo que tiene que ser una elección libre, razonada y tomada con convencimiento.

Más allá del paternalismo detrás de este supuesto consejo bienintencionado, merece la pena fijarse en que en esta amenaza el miedo es un elemento fundamental. Ese «te vas a arrepentir» es el mismo que se ha usado históricamente para decirnos que no nos liberemos, que no levantemos la voz a nuestros maridos, que no votemos, que no pidamos los derechos que nos merecemos, y en todos los casos intenta contagiarnos el miedo a las consecuencias. Miedo a lo que nos pueda pasar, a que nos golpeen, a que nos humillen o nos encierren, a que nos llamen «locas», «putas» o «histéricas», a que nos quedemos solas, a que nadie nos quiera. Ante esto, solo hay una respuesta, una que gritamos cada vez que salimos a la calle y coreamos juntas: «Que el miedo cambie de bando».

Y toda esta presión presentada como amenaza solo se enfoca hacia una decisión, que es la de no tener hijos o hijas. Bajo el pretexto de «se te va a pasar el arroz», tenemos todo un entramado simbólico que nos empuja a tomar esta decisión. Pero ¿y qué pasa con todas aquellas mujeres que se han arrepentido de ser madres? ¿Por qué ese arrepentimiento nos importa menos?

Y de la paternidad y los hombres, ¿nadie habla? Porque se ha hecho muchísimo meme de los padres ausentes que desaparecen por completo del mapa, y al final bromeamos porque la alternativa sino es hundirnos, pero ¿qué pasa con esos hombres? La doble vara de medir que se aplica a hombres y mujeres en torno a la crianza es profundamente injusta.

NUESTRA RESPUESTA:
¿Y SI ME ARREPIENTO DE TENERLOS?

Las mujeres deberían ser madres porque son cuidadoras por naturaleza

TE LO DESMONTO CON TRES ARGUMENTOS:

1. La imagen de la mujer cuidadora es una invención moderna.

2. Si decimos que las madres tienen un rol y los padres otro, limitamos el modelo de crianza. ¿Los padres no cuidan, o qué?

3. Ojalá todo el mundo cuidase porque cuidar es un acto profundamente político. Eso sí sería un mundo feminista.

¡Por fin! El argumento definitivo que prueba que las mujeres deben ser madres, la demostración irrebatible de que una mujer sin hijos o hijas es un espécimen fallido. Tenemos que ser madres porque nos lo dicta nuestra naturaleza, porque nosotras, y solo nosotras, llevamos los cuidados en los genes. Es el determinismo biológico y, una vez más, ha venido allí donde no lo hemos llamado.

Resulta agotador tener que desmontar continuamente la concepción de la mujer como cuidadora porque lo cierto es que es una invención moderna creada por y para el patriarcado, al que le viene genial que la crianza de los hijos e hijas recaiga sobre los hombros de las mujeres. Porque este argumento tiene filo por ambos lados: a la vez que intenta hacernos creer que ser madres está en nues-

tro ADN, libera a los padres de la carga de los cuidados porque, según esto, esa responsabilidad no está en sus genes.

Es el mismo discurso que durante siglos ha validado a las mujeres solo por su capacidad para engendrar hijos e hijas, despreciando a aquellas que no podían o no querían. Que haya validado a las mujeres-madre no significa que las haya valorado. Que esto quede claro: el sistema nunca ha puesto en valor ni la maternidad ni la crianza. Nos presentan una obligación, algo que sí o sí ha de ocurrir, pero a la vez no se le da ningún valor porque «es lo que toca».

Y, sinceramente, pongamos los cuidados en el centro, pero de verdad. Esto no es exclusivo de las mujeres, no tenemos en nuestras venas la fórmula secreta de los cuidados. Tanto hombres como mujeres, padres o madres, amigos o amigas, deberían valorar y priorizar los cuidados. En una sociedad verdaderamente feminista, el cuidado sería un valor compartido, no una carga exclusiva de las mujeres. Y aquí está la clave: **entender el cuidado como un valor y no como una carga**. Cuidar no es un «instinto» ni una tarea secundaria. Es un acto profundamente político que sostiene la vida. Imaginar un mundo feminista es imaginar un mundo donde el cuidado sea una prioridad para todas y todos: no porque «nacimos para ello», sino porque entendemos que nuestra humanidad depende de cuidar y ser cuidados.

El problema de esta frase es que nos coloca todo el peso de los cuidados a nosotras, eximiendo a los hombres de este rol y responsabilidad. Cuidar es crucial en la crianza y en cualquier tipo de relación; démosle la importancia que merece porque el sistema machista se ha encargado de reducir esto a algo sin importancia.

Esta frase no solo oprime a las mujeres, también exime a los hombres de cualquier responsabilidad. Si el cuidado es cosa «de mujeres», ¿qué papel se supone que juegan ellos? Históricamente, el sistema patriarcal ha asignado a los hombres el rol de proveedores económicos mientras las mujeres cuidan. Sin embargo, este modelo ya no se sostiene: cada vez más mujeres trabajan fuera del hogar, pero siguen cargando con el trabajo de cuidados. Aún existen prejuicios culturales de que un hombre que cuida es «menos hombre». Reivindicar la corresponsabilidad es fundamental: los hombres no «ayudan» en el cuidado, sino que lo han de asumir como una parte esencial de sus vidas.

Un mundo feminista no es aquel donde solo las mujeres cuidan porque son buenas en ello, sino aquel donde todas las personas, independientemente de su sexo, cuidan porque entienden la importancia de hacerlo. Dejemos de romantizar la «naturaleza cuidadora» de las mujeres y empecemos a construir una sociedad que valore el cuidado como un pilar central, accesible y compartido por todos y todas. Solo así alcanzaremos la verdadera igualdad.

NUESTRA RESPUESTA:
OJALÁ TODO EL MUNDO CUIDASE.

7.
NO ENTIENDEN EL FEMINISMO

Ridiculizan el feminismo para invalidarlo. No lo entienden o, quizá, no quieren entenderlo.

Vas repartiendo carnets de feminista

MACHISTÓMETRO:

HIJO SANO DEL PATRIARCADO

TE LO DESMONTO CON TRES ARGUMENTOS:

1. El feminismo es algo concreto. No todo vale. Al igual que definimos con claridad dónde está el machismo, también lo hemos de hacer con el feminismo.

2. ¿Qué pensaríamos si viéramos a alguien que se autodenomina vegano comiendo un pollo rebozado? Nos reiríamos porque tenemos claro qué es el veganismo. ¿Tenemos claro qué es el feminismo?

3. El feminismo no necesita personas perfectas, necesita personas dispuestas a aprender, escuchar y cambiar.

Siento decepcionar a la caverna, pero el feminismo no es un club exclusivo donde hay unas cuantas seleccionadas por arte divino que determinan quién es o no feminista. Esto no funciona así.

El feminismo ha de ser algo concreto porque, si no, es un cajón de sastre vacío y sin significado. Nuestro movimiento requiere de líneas de pensamiento definidas, ya que si lo dejamos a la libre definición de cada persona la consecuencia es que pase a ser una cosa etérea y abstracta donde se desdibujen por completo los mensajes.

Vamos a poner un ejemplo claro: el veganismo. El veganismo es algo concreto y tangible, cuya base es no consumir ni explotar productos de origen animal. Nadie discute esto. Nadie dice: «Vas repartiendo carnet de vegana», y nadie que coma carne se autoidentifica como vegana. ¿Qué pensaríamos de una persona que mientras se come un pollo rebozado dice que es vegano? Parecería una broma de mal gusto porque todos tenemos claros los principios de esta ideología. Ahora bien, ¿cuáles son los elementos básicos del feminismo?

El feminismo es una teoría política, una herramienta de análisis y también una propuesta de organización social. Y, al **igual que necesitamos señalar qué actitudes, pensamientos o estructuras son machistas, también debemos señalar las que son feministas**. Entiendo que es muy complejo dibujar la línea de lo que es feminista y lo que no, pero necesitamos aterrizar los conceptos para que se traduzcan en nuestra realidad.

¿Cómo vamos a terminar con el machismo si somos incapaces de definir el feminismo? ¿Si somos incapaces de articular políticas públicas feministas? Esto a su vez nos lleva a una pregunta clave: ¿quién marca qué es el feminismo? Este es un movimiento que ha ido pasando por olas, que tiene corrientes internas y pensadoras brillantes que teorizan de forma superdistinta. Y se puede delimitar una línea de lo que es y lo que no es el feminismo sin renunciar al espacio para la pluralidad y diversidad dentro del movimiento.

No hay un carnet de feminista ni hay buenas feministas ni malas feministas. ¿De dónde nace esta frase? Esto se dice de manera irónica para supuestamente señalar a feministas que evalúan o juzgan si las actitudes, acciones o creencias de otras personas son lo suficientemente feministas. Siempre que he leído esta frase me ha dado la sensación de que es una táctica defensiva, una forma de cerrar filas en lugar de reflexionar sobre comportamientos o discursos que podrían no estar alineados con el feminismo.

Y, ojo, no estamos aquí para jugar a la policía feminista, pero tampoco podemos ignorar que el feminismo no es un bufet libre donde coges solo lo que te conviene. Si alguien actúa de forma machista o incoherente con los principios feministas, cuestionarlo no es «repartir carnets», es reivindicar la coherencia de una lucha colectiva.

Cuando alguien usa esta frase, lo hace para evitar que se le critique. Es una forma de decir: «Déjame ser como soy y no me cuestiones porque yo ya me considero feminista». Pero el feminismo no funciona así. Ser feminista no es solo una etiqueta; es un compromiso constante de reflexión y cambio.

Y —esto es importante decirlo— es normal equivocarnos. Es normal tener actitudes machistas porque literalmente todas hemos sido educadas en este sistema de mierda. Hola, ¿has visto en qué sociedad asfixiante nos ha tocado vivir?, ¿cómo no vamos a reproducir de forma directa o indirecta estos parámetros? Cuando alguien nos señala la misoginia de nuestras acciones o pensamientos no quiere atacarnos; al revés, lo que se pretende es invitar a la reflexión y al cambio.

Aquí hay un elemento muy importante, que es **aprender a convivir con nuestras contradicciones internas**. Yo es algo que remarco mucho: el feminismo va de culpas. Todas tenemos interiorizada mucha codificación machista, es normal y no pasa nada. El feminismo es una herramienta de análisis y una alternativa a todo lo que nos han enseñado, señala lo estructural y no lo individual. Abracemos nuestras partes contradictorias. Suficiente tenemos con la opresión machista como para encima sentirnos culpables por no ser las feministas perfectas.

Podemos decir esto y a la vez dar pasos para lograr la coherencia entre nuestra teoría y nuestras prácticas. Caminando lento, sin presión ni prisas. De la mano de nuestras compañeras. Pero ese es nuestro horizonte. Lo que no es normal es cerrarte en banda cuando te señalan algo y responder con una frase pasivo-agresiva para evitar cuestionarte.

Hay una idea peligrosa de que el feminismo debería ser un movimiento donde todo el mundo cabe sin importar lo que haga o diga. ¿Creéis que esto pasa en otros movimientos? Porque, de verdad, feminismo no es una fiesta sin reglas. Es un movimiento político que busca desmontar las estructuras de opresión. Y para eso necesitamos autocrítica y voluntad de mejora.

Si señalamos que algo no es feminista, no lo hacemos como un ataque ni estamos «repartiendo carnets», nos estamos asegurando de que la lucha no pierda su fuerza ni su dirección. Si no nos cuestionamos entre nosotras, ¿quién lo hará? **Cuestionarnos implica una mejora constante.** Yo misma me encuentro muchas veces reproduciendo lógicas del sistema machista y lo que me hace ser feminista es querer que eso desaparezca, en vez de enfadarme y tener una pataleta porque alguien me lo ha cuestionado.

El feminismo no necesita personas perfectas, necesita personas dispuestas a aprender, escuchar y cambiar. **Si alguien te cuestiona, es una oportunidad para reflexionar, no un ataque personal.** Si alguien señala algo que no encaja con los principios feministas, escuchar, reflexionar y aprender es mucho más útil que ponerse a la defensiva.

Así que, la próxima vez que alguien te critique, en lugar de soltar esta frase, pregúntate qué puedes aprender de eso. Porque, al final, el feminismo no busca expulsarte, busca que juntas lleguemos más lejos.

NUESTRA RESPUESTA:

NO REPARTIMOS NADA. EL FEMINISMO ES ALGO CONCRETO, UNA TEORÍA DONDE NO TODO VALE.

Ni machismo, ni feminismo: igualdad

TE LO DESMONTO CON TRES ARGUMENTOS:

1. El feminismo implica la igualdad, así que esta frase no tiene sentido.

2. Equiparar el machismo y el feminismo como si fueran algo malo es un error conceptual. El feminismo es la solución al machismo.

3. ¿Qué igualdad quieren construir sin contar con la ecuanimidad entre hombres y mujeres?

¿Cuántas veces hemos escuchado esta frase? Y cuántas veces hemos pensado: «Dios mío, ¿cómo consigo que entiendas que no tiene ningún sentido lo que estás diciendo?». Vamos a analizarlo poco a poco: lo que hay detrás de «ni machismo, ni feminismo: igualdad» es deslegitimar el feminismo, pero de una forma sutil. A simple vista parece que se hace un llamamiento hacia la igualdad, que en esencia está bien. Pero si rascamos un poco le vemos las costuras.

El primer asunto que chirría por todas partes es posicionar el feminismo como si fuese lo mismo que el machismo, pero al revés. El problema de esta frase es que equipara a ambos movimientos como si fuesen negativos y posiciona la igualdad como la solución a los dos.

El tema es que al poner el machismo y el feminismo en el mismo nivel **se ignora la historia, el significado de ambos conceptos y la estructura social en la que estamos**. El machismo es un sistema que históricamente ha oprimido a las mujeres y ha otorgado privilegios a los hombres, mientras que el feminismo es un movimiento que busca justamente desmantelar esas desigualdades, terminar con esta opresión y lograr la igualdad. Es como si estuviéramos comparando al opresor con el oprimido. Un poco extraño, ¿no?

En la lógica de la frase hay una parte que no está mal del todo —por si queremos salvar algo—, que es entender el machismo como algo negativo y discriminatorio, ya que en efecto es un movimiento que perpetúa la desigualdad entre sexos, y la discriminación y opresión de las mujeres. Pero la trampa de esta frase es emplear una mala definición del feminismo. Presentarlo como algo discriminatorio para el hombre es literalmente no entender lo que dice el feminismo.

Y lo preocupante no es que se parta de una mala definición del movimiento, sino la intencionalidad que realmente oculta: **desinformar y desprestigiar al feminismo**. Es como si yo digo: «Ni dictadura ni democracia, libertad» o «ni guerra ni paz, fraternidad» y me quedo tan ancha soltando algo absurdo, ya que tanto la democracia como la paz engloban la libertad y la fraternidad respectivamente. Así que esta frase no solo no tiene sentido, sino que busca un claro objetivo: hacer ver que el feminismo es igual de malo que el machismo.

¿Qué tipo de igualdad se propone realmente? Porque esto se dice en un contexto en el que toda la caverna de extrema derecha machista lanza *fake news* sobre el feminismo, desprestigia a toda mujer feminista que se atreva a alzar la voz y señalar la violencia, y con datos tan preocupantes como estos: en España, el 61 % de los hombres cree que el feminismo los discrimina, según el estudio *International Women's Day*, elaborado por Ipsos en 2023. Estas creencias no salen de la nada, hay toda una *manosfera* bombardeando con estos mensajes.

Si no estás muy atenta te pueden captar porque, claro, ¿quién no quiere la igualdad? Es una frase perfecta para que metas un pie en su charca. **Equiparar el machismo con el feminismo es desvirtuar las raíces y los objetivos del feminismo, y colaborar con una mala prensa que está orquestada.** A nadie le gusta perder privilegios, ya lo sabemos, y está claro que intentarán de todo para que eso no ocurra. Y el primer paso de esta estrategia es deslegitimar al adversario, en este caso, a las feministas.

Lo curioso es ese llamamiento a la igualdad, que desde una neutralidad aparente puede esconder el deseo de mantener el *statu quo*, de no incomodar ni romper esquemas, bajo la excusa de que ya estamos suficientemente avanzados como para necesitar el feminismo. Sin embargo, la igualdad no surge de la nada, es el resultado de siglos de lucha, y aún queda mucho camino por recorrer. Quienes abogan por esta supuesta neutralidad ignoran que la igualdad no es solo un destino, sino un proceso en el que el feminismo ha sido y sigue siendo indispensable.

En resumen: el feminismo no es un obstáculo para la igualdad, es su motor. Negarlo es olvidar a quienes han estado siempre en primera línea abogando por un mundo más justo para todas y todos.

NUESTRA RESPUESTA:
NI MACHISMO NI MACHISTAS, FEMINISMO.

La violencia no tiene género

MACHISTÓMETRO:

HIJO SANO DEL PATRIARCADO

TE LO DESMONTO CON TRES ARGUMENTOS:

1. Este lema se utiliza para invisibilizar la desigualdad y la violencia machista.

2. Afirmar que la violencia machista existe no significa negar la existencia de otros tipos de violencia.

3. La violencia sí tiene género porque el sistema tiene género.

«La violencia no tiene género» es una de esas frases que suenan neutrales, pero que, en realidad, invisibilizan la violencia que sufrimos las mujeres. Cualquier persona puede ejercer violencia a título individual: hombres, mujeres, niños, niñas. Pero hay un elemento fundamental que cambia el análisis: la estructura social. Cuando desde el feminismo denunciamos el clima de violencia no se trata solo de actos individuales, sino de patrones sistémicos. En el caso de la violencia machista, no estamos hablando de conflictos aislados entre personas; existe una violencia estructural que coloca a los hombres en posiciones de poder y a las mujeres, de subordinación.

Decir: «La violencia no tiene género» borra por completo las dinámicas de poder que causan que **la violencia machista sea una de las más comunes y normalizadas del mundo**.

171

Esta frase suele ser usada para relativizar o negar la violencia que sufrimos las mujeres, como si hablar de violencia machista fuese injusto porque «los hombres también sufren». Vamos a pararnos aquí un momento. Coge aire porque hace falta paciencia para explicar por vigésima vez lo más básico de lo básico. Existen muchísimos tipos de violencia: machista, racista, de clase, intragénero, familiar… Poner encima de la mesa que las mujeres sufrimos un tipo de violencia por el hecho de ser mujeres no significa negar la existencia de otros tipos.

No estamos hablando de quién sufre más. Esto no es una competición. Hablamos de que la violencia que sufrimos las mujeres tiene un origen estructural, producto del machismo que sigue vigente en nuestra sociedad.

Y aquí vemos otra trampa, que es confundir los conflictos o agresiones puntuales con algo estructural. Por ejemplo: si una mujer insulta o agrede a un hombre, eso no es violencia machista. Es un conflicto entre dos personas, sí, pero no tiene la misma carga histórica, social y estructural que una agresión de un hombre a una mujer porque esta última está enraizada en un sistema que nos oprime. No es lo mismo que alguien actúe con violencia de forma individual a que exista una violencia sistemática y tolerada culturalmente.

@UsuariodeX

La **violencia no tiene género**! La violencia es un acto incontrolado desmedido irracional cometido por hombre o una mujer aquel q ataca por ser mujer es un misógino y puede ser física o verbal lo mismo pasa con radicales feministas q atacan a todos los hombres por ser solo hombres ó

💬 146   ⟲ 1,4k   ♡ 2,3k   ↑   🔖

Quienes defienden esta frase no lo hacen por preocupación genuina por las víctimas, sino para no atender a las violencias que estamos señalando las mujeres. Es una forma de proteger el *statu quo* porque admitir que existe un problema de violencia de género implica reconocer el machismo y sus privilegios, y eso les incomoda. Además, esta frase se usa muchas veces para justificar discursos de odio contra las mujeres o para victimizar a los hombres, ignorando que ellos no son un grupo históricamente oprimido.

No es posible analizar la violencia sin mirar el contexto social en el que ocurre. Y, en este sistema patriarcal, el género es un factor determinante de quién tiene el poder y quién padece las consecuencias. El género funciona como canalizador de esa violencia que sufrimos por nuestro sexo. Si realmente queremos acabar con todas las formas de violencia, necesitamos nombrarlas, analizarlas y desmontar las estructuras que las sostienen.

¿Te suena el White Lives Matter, la respuesta racista que hubo en Estados Unidos después del movimiento Black Lives Matter? Un montón de blancos indignados salieron a las calles a gritar que las vidas blancas también importan, y con ello querían decir que el racismo no existe porque todas las vidas valen lo mismo —tremenda carambola—. Pues es la versión racista de este mismo argumento machista. Claro que todas las vidas importan, nadie dice lo contrario. Pero lo que ponemos las feministas encima de la mesa es hablar de las violencias estructurales que derivan del machismo. Y si no nombramos a las cosas por su nombre, ¿cómo vamos a combatirlas? El feminismo no busca negar otras violencias; busca eliminar una de las más arraigadas y normalizadas.

NUESTRA RESPUESTA:
HAY VIOLENCIA QUE SÍ TIENE GÉNERO Y SE LLAMA VIOLENCIA MACHISTA.

La igualdad ya se ha alcanzado, las mujeres no están oprimidas en España

TE LO DESMONTO CON TRES ARGUMENTOS:

1. Las mujeres sufrimos violencia por ser mujeres (brechas salariales, violencia sexual, feminicidios, violencia vicaria, etc.). Por lo tanto, la lucha feminista sigue teniendo todo el sentido del mundo.

2. Que hayamos conquistado ciertos derechos no significa que tengamos que detenernos ni que lo logrado no pueda peligrar.

3. El feminismo dejará de ser necesario cuando la cifra de feminicidios y violencia sexual sea cero.

Ojalá viviésemos en un mundo feminista, donde nuestras reivindicaciones fuesen innecesarias y lo único que hiciésemos las mujeres fuera luchar contra fantasmas. Un mundo donde no hubiese ningún feminicidio, donde no existiese la violencia sexual, donde pudiésemos ir tranquilas por la calle sin sentir miedo. Eso significaría que ya estaríamos en una sociedad justa, en la que la corresponsabilidad en los cuidados sería la norma y en la que no existiría la presión estética. Pero, amiga, siento decirte que eso no es así. El mundo es el que es, y nuestra lucha tiene todo el sentido porque la realidad es que **las mujeres sí están oprimidas en España**.

La opresión tiene muchas caras, múltiples grados y diversas formas de expresarse. Imagina una hidra de mil cabezas que nunca descansa; cada vez que conseguimos cortarle una, en lugar de retroceder, le crecen dos más, como si estuviera programada para adaptarse y resistir. Esa es, básicamente, la naturaleza del machismo: **siempre encontrará nuevas formas de oprimirnos porque así ha funcionado durante siglos**. Aunque ganemos derechos, el machismo se reinventa, se camufla y aparece en otros ámbitos de nuestras vidas, ya sea en el trabajo, en casa o en la calle, intentando frenarnos y mantenernos «en nuestro lugar».

Y, para ser justas, hemos de admitir que hemos avanzado muchísimo. En términos de igualdad formal, en lograr poner nombre a las cosas, identificarlas y denunciarlas. Claro que hemos tenido victorias feministas, madre mía, si no qué bajón después de tanto esfuerzo, pero nuestra lucha aún es totalmente pertinente y necesaria.

Es cierto que tenemos derechos que antes eran inimaginables, pero eso no significa que tengamos que dar las gracias por ellos como si fueran regalos. Poder ejercer el voto, divorciarnos o decidir sobre nuestros cuerpos no es un favor; son logros conquistados por la lucha incansable de tantas mujeres antes que nosotras, y el simple hecho de haberlos alcanzado no garantiza que sean permanentes.

Debemos tener bien claro eso: **los derechos no son indestructibles**. Que los tengamos hoy no significa que no puedan quitárnoslos mañana. Solo hay que mirar lo que ocurre en otros países, donde derechos como el aborto, que ya parecían inamovibles, han sido recortados o anulados de la noche a la mañana Esto lo hemos visto especialmente en Estados Unidos, y no solo con el aborto. Ahora que acaba de ganar Trump las elecciones (casi 77 millones de personas han votado a un agresor sexual condenado como presidente), han aparecido movimientos que piden eliminar el sufragio femenino del país.

El argumento «en España estamos mejor que en otros países» es un debate estéril. Sí, puede ser cierto que, en comparación con otros lugares del mundo, aquí hemos conseguido muchísimos derechos, solo hace falta confrontar las cifras de feminicidios de México o mirar la realidad de Afganistán. Pero… ¿de qué nos sirve exactamente esa comparación? El machismo, como bien sabemos, no tiene una sola cara. Entonces ¿qué sentido tiene hacer un ranking de «quién está mejor»? No estamos en una competición, y tampoco se trata de dar las gracias por no estar en el último puesto cuando aún hay tanto por hacer.

Esto me lleva a pensar en una imagen reciente de los Juegos Olímpicos: por un lado, veíamos a jugadoras de vóley en biquini y, por otro, mujeres en el equipo contrario vestidas con burka, tapadas hasta el último rincón de su piel. Este contraste deja muy claro cómo el machismo configura las reglas sobre el cuerpo de la mujer, mientras que en los hombres no importaba de qué país eran, todos iban vestidos igual. La realidad es que la cultura solo dictamina nuestra vestimenta, no la de ellos. Y esto tiene un nombre: machismo.

El machismo no desaparece, solo cambia de forma, y reducir este tema a un «en ese país es peor que aquí» no nos lleva a ningún sitio. Es una manera cómoda de mirar hacia otro lado y evitar el esfuerzo de cambiar las cosas aquí. La opresión es un abanico muy amplio que va desde no poder votar hasta no poder disfrutar del sexo como a una le dé la gana, no ser valorada en el trabajo o recibir violencia estética por las decisiones que tome sobre su cuerpo. Tenemos mucho que cambiar para que, ojalá un día, podamos decir de verdad que hemos alcanzado nuestras metas.

NUESTRA RESPUESTA:
QUE TÚ NO QUIERAS VER NUESTRA OPRESIÓN NO SIGNIFICA QUE NO EXISTA.

El feminismo ha llegado demasiado lejos, ahora se discrimina al hombre

MACHISTÓMETRO:

REY DE LA MISOGIN A

TE LO DESMONTO CON TRES ARGUMENTOS:

1. Decir que se ha llegado demasiado lejos es gracioso. Alguien diría: «¿La paz ha llegado demasiado lejos?».

2. El feminismo no ha llegado demasiado lejos, aún quedan un montón de avances por hacer.

3. Algunos creen que perder sus privilegios significa estar discriminados.

«Vale, estoy de acuerdo en que los tiempos han cambiado y que no puedo pegarte una paliza al llegar a casa después de un día duro de trabajo, pero no acepto que no me hagas la cena». Suena diferente, aunque lo que esconde es muy parecido a la frase que vamos a desmontar ahora. Si escuchas a alguien intentando argumentar algo que suene remotamente parecido a «dictadura feminista», ¡huye! Hay pocas frases más reaccionarias sobre nuestra lucha porque sí, esta oración nace como una reacción a todos nuestros avances. Es para responder: «Paco, no te has enterado de nada».

Afirmarlo implica creer que existe un límite en la lucha por la liberación de las mujeres, como si hubiera un punto en el que las demandas de justicia, dignidad y equidad fueran excesivas. Una especie de palmadita en la espalda para que nos calmemos, un «bueno, bueno, vamos a dejarlo aquí antes de que las cosas se pongan feas». Lo siento, pero es tan ridículo que al final hasta me hace gracia. No hay mayor sinsentido que opinar que debemos poner límites al feminismo, que sería lo mismo que restringir la justicia que nos merecemos.

La segunda parte de la frase, «ahora se discrimina al hombre» es directamente patética. Solo lo podría decir alguien que no ha conocido la discriminación. Basta con observar cómo funcionan las estructuras de poder y las dinámicas en la sociedad actual. **Los hombres no se enfrentan, en ningún ámbito, a una discriminación sistemática por el hecho de ser hombres**, como sí nos ocurre a nosotras. Eso es de lo que se olvidan los machistas: su condición de hombres nunca les ha impedido hacer nada. Todo lo contrario, y de verdad me gustaría que alguno de ellos intentara argumentarlo con datos en la mano.

Porque las estadísticas siguen mostrando que somos nosotras las receptoras de la violencia machista, tanto en asesinatos como en violencia sexual; las cifras de desigualdad salarial indican que los hombres, de promedio, perciben sueldos más altos que las mujeres en trabajos equivalentes; las tareas de cuidado y las labores domésticas aún recaen mayoritariamente sobre nosotras, limitando nuestras oportunidades de desarrollo profesional y personal… También es notorio que los puestos de poder y decisión en áreas como la política, las empresas y las instituciones educativas están ocupados principalmente por hombres, y podría seguir así todo lo que quisiera.

En cuanto a los estándares físicos y estéticos, a los hombres no se les exige el mismo nivel de perfección en apariencia que a las mujeres, quienes sufrimos una presión constante por cumplir con expectativas de belleza. A quienes lo digan, les podéis recomendar que vean *La sustancia*. Así que, si sus argumentos van a ser las denuncias falsas, algo que está demostrado que es un bulo, y las políticas de cuotas que existen para asegurar una igualdad efectiva en la participación política o empresarial, no sé a qué pretenden aferrarse para continuar con este discurso.

Decir que el feminismo ha llegado demasiado lejos es una manera de disfrazar su miedo a perder privilegios. Cuando llevas siglos disfrutando de ciertas ventajas, su pérdida puede parecer una discriminación, sobre todo si eres tú mismo el que lo quiere vender como algo así. Si toda tu vida has desatendido las tareas del hogar y crianza, y te viene un movimiento a decirte: «Oye, que tú también te debes hacer cargo de esto», pues, claro, entiendo que muchos lo viven como una renuncia a su tiempo libre y de ocio.

Los cambios que el feminismo propone tratan de eliminar barreras históricas que han limitado las libertades de la mitad de la humanidad y eso, obviamente, desterrará privilegios de los hombres, quienes se resisten a perderlos. **¡Por eso se llama «lucha feminista», porque hay fricción!** El patriarcado la combate con este tipo de frases, que convierte en un vehículo para mantener el *statu quo* y frenar la transformación social que impulsa el feminismo, una transformación que busca que hombres y mujeres puedan coexistir sin que unos dominen a otros. Decir lo contrario es crear un fantasma del feminismo que odia a los hombres, una maquinaria irracional que persigue venganza y no justicia. Queridos, lo habéis entendido todo mal.

NUESTRA RESPUESTA:
EL FEMINISMO QUIERE ERRADICAR TODA LA VIOLENCIA QUE SUFRIMOS LAS MUJERES.

¿Y las denuncias falsas?

MACHISTÓMETRO:

REY DE LA MISOGINIA

TE LO DESMONTO CON TRES ARGUMENTOS:

1. En 2023 solo el 0,001 % de las denuncias por violencia de género fueron falsas. En los últimos catorce años, el porcentaje se queda en un 0,008 %.

2. Una denuncia no se traduce automáticamente en una condena, los procesos por violencia de género tienen todas las garantías judiciales.

3. Denunciar no nos garantiza nada: un 25 % de las mujeres asesinadas por sus parejas o exparejas en 2023 había denunciado a sus agresores.

«Bueno, pero ¿qué pasa con las denuncias falsas?», te dirá José Antonio antes de dar un trago largo a su copa de Larios y encenderse el décimo cigarro. Pues eso queremos saber nosotras también. ¿Dónde están esas denuncias falsas, que yo las vea?

Como la única forma de avanzar en esta cuestión es ir a los datos, vamos a echar mano de los más oficiales que hay: la Memoria Anual de la Fiscalía del Estado más reciente que tenemos, que en estos momentos es la que refleja los datos del 2023. En ella, informan de que el porcentaje de denuncias falsas es del 0,001%, algo más bajo que el promedio de los últimos catorce años, que se queda en 0,008%. Podríamos buscar los datos correspondientes a los años en que cada una de nosotras empezamos a escuchar esta pregunta en boca de nuestros conocidos y en ninguno de los casos obtendríamos algo demasiado diferente. En 2022 fue un 0,001%; en 2021, un 0,010%; en 2020, un 0,009%... Hay datos para aburrir, aunque, para aburridas, nosotras teniendo que lidiar una y otra vez con el mismo bulo.

Con los datos en la mano, se demuestra que las denuncias falsas ocupan un porcentaje ínfimo, absurdamente sobrerrepresentado en el relato de la *manosfera*, que pretende hacernos creer que la principal ocupación de los tribunales de este país es lidiar con acusaciones falaces interpuestas por mujeres que quieren sacar partido a sus privilegios. ¿Qué privilegios? Todavía estoy esperando a que me los expliquen.

Además, como si denunciar fuese algo tan fácil y sencillo. Porque si pretenden defender que el sistema judicial trabaja para nosotras, entonces que nos den una respuesta a cómo es posible que solo se denuncien un 8% de las agresiones sexuales de este país. Una denuncia no se traduce siempre en una condena porque hay todo un sistema judicial formado por diferentes profesionales que requiere pruebas, trámites y declaraciones para determinar la inocencia o culpabilidad del acusado. Y lo de que los hombres no tienen presunción de inocencia ha sido y será siempre una burda mentira.

Aunque sean pocos, poquísimos, ¿no deberíamos horrorizarnos por esos hombres obligados a vivir un tormento sin haber hecho nada? Convendría recordar a todos esos paladines de la moral, ofendidos por la posibilidad de que algún hombre sea víctima de un proceso judicial por una acusación falsa, que quienes sí se ven obligadas a pasar por un proceso agotador y angustioso por algo que no han hecho son todas las mujeres que se atreven a denunciar y que deben acudir al juzgado a relatar, recordar y revivir su trauma durante los meses u años que dure el procedimiento. Y ellas sí que no son responsables de nada.

Ojalá, por lo menos, pudiéramos decir que denunciar a tu agresor va de la mano con ponerte a salvo, pero ni siquiera eso se puede dar por hecho. **De las 59 mujeres que fueron asesinadas por sus parejas o exparejas en 2023, un 25% había acudido a los juzgados** o a la comisaría a presentar una denuncia.

Existía un documento oficial que recogía la realidad de esa mujer, el maltrato que sufría y el riesgo que se cernía sobre ella y, aun así, los hombres a los que denunciaron acabaron con sus vidas.

El año anterior, casi la mitad de las cincuenta mujeres asesinadas por violencia machista habían denunciado; tampoco les sirvió de nada. Y estos datos solo tienen en cuenta los feminicidios que se consumaron, pero dejan de lado los intentos de asesinato, así como todas las represalias físicas, sociales o verbales que los maltratadores pudieron tomar contra sus parejas o exparejas si llegaron a enterarse de que estas habían acudido a las autoridades.

Mientras los machistas se centran en inventarse feministas enloquecidas, cuyo principal pasatiempo es crear acusaciones ficticias para conseguir privilegios irreales, las mujeres aún tenemos que lidiar con las consecuencias tangibles de enfrentarnos a nuestros agresores: llegar al extremo de perder la vida o la de los hijos o las hijas. Hay que ser tremendamente cínico y cruel para hacer estandarte de las denuncias falsas, como si la dureza de estos procesos judiciales o el terror a la reacción del agresor no fueran las principales preocupaciones que pasan por la mente de cada mujer que se plantea poner su nombre en una denuncia por violencia machista.

> NUESTRA RESPUESTA:
> ## ¿Y LAS DENUNCIAS QUE NO PROTEGEN A LA VÍCTIMA DE SU AGRESOR? ¿QUÉ HACEMOS CON ELLAS?

Las feministas reciben paguitas del Estado, el feminismo es un negocio

TE LO DESMONTO CON TRES ARGUMENTOS:

1. El feminismo no es un negocio, es la lucha que nos ha permitido poder votar y ser consideradas ciudadanas.

2. Para los preocupados por la economía, la violencia machista supone un enorme coste sanitario, judicial, social y psicológico, por lo que invertir en igualdad reduce costes a largo plazo.

3. Paco, ya me dirás tú dónde están estas paguitas porque yo no las he visto por ningún lado.

¡Qué rabia provocan los avances del feminismo! Tiene que ser duro ser un misógino de manual y sentirse amenazado por cada logro que conseguimos y cada prejuicio que derribamos. Por eso hay quien se inventa conceptos como este para deslegitimar nuestra lucha y extender el bulo de que detrás de las demandas feministas no hay motivos de peso, sino intereses lucrativos.

¿A qué se llaman «paguitas»? En la mayoría de los casos, a subsidios, subvenciones o ayudas determinadas por el Estado y cuya función es equilibrar la desigualdad de género, atajar dinámicas estructurales o asistir a víctimas de violencia machista. Parece que les molesta que haya un Ministerio de Igualdad o que se invierta dinero público en corregir una desigualdad estructural.

En otros casos, se trata directamente de puras mentiras, apoyos económicos ficticios, embustes de manual que se inventa la caverna machista en su afán de ridiculizarnos como feministas, aunque sea a costa de la verdad. Por eso, ante este tipo de eslóganes, lo mejor es saber primero a qué se refieren cuando dicen algo así. Te aseguro que no serán capaces de poner ni un solo ejemplo concreto. Les dará igual porque lo que pretenden es apartar la mirada de lo importante, alejar la discusión de los datos y los hechos tangibles, y encerrarnos en una espiral sin final que nos deje exhaustas.

Si de verdad vamos a cruzar argumentos, hagámoslo en igualdad de condiciones. Si nosotras tenemos que justificar lo que decimos, como es natural, ellos también tienen que contrastar y verificar sus acusaciones. La responsabilidad no puede caer siempre sobre nosotras, mientras ellos siguen extendiendo sus mentiras sin vergüenza alguna.

Imaginemos que sí son capaces de darnos un dato y descubrimos que están en contra, por ejemplo, de la ayuda que reciben las mujeres víctimas de violencia machista, de las campañas institucionales contra esa misma violencia o de que exista un Ministerio de Igualdad que pueda concienciar sobre pornografía, discriminación o diversidad. Ninguna de esas son acciones arbitrarias, **son políticas de igualdad que abordan un problema social enorme y que existen para subvertir una situación injusta**.

@UsuariodeX

No sé quién es peor si el propio PSOE o sus votantes que a cambio de **paguitas**, chiringuitos **feministas** y LGTBI, papeles legalizando su estancia en el país… son capaces de vender a su madre y siguen votando al peor gobierno de la democracia de España. Vamos a la ruina.

♡ 146   ⟲ 1,4k   ♡ 2,3k   ⬆   🔖

Como todas las medidas políticas, necesitan un presupuesto y ese dinero sale del Gobierno, sí, de un gobierno que es representación de la voluntad ciudadana, que para eso vivimos en una democracia. Los discursos vacíos no sirven de nada, y si queremos cambiar la situación, por supuesto que tendremos que destinar un dinero a comunicar, formar, concienciar, financiar y apoyar nuevas dinámicas. Las políticas de igualdad son nuestros hospitales, carreteras y escuelas; son los medios que nos sanan, nos conectan y nos protegen y tienen todo el derecho del mundo a estar financiados por fondos públicos. Ah, y si lo queremos ver solo desde una óptica monetaria, también funciona. Cuanto más invirtamos en prevención y en detención de la violencia antes de que ocurra, menos tendremos que destinar a procesos judiciales, investigaciones policiales, tratamientos hospitalarios, ayudas económicas a víctimas…

Otro de los usos del término «paguita» es criticar a divulgadoras feministas que empiezan a tener más espacios, sobre todo si estos son en entornos públicos. ¿Que una creadora de contenido participa en una charla de igualdad? Es el Gobierno extendiendo sus cheques. ¿Que una brillante periodista consigue formar parte de un programa de la televisión pública? Solo está ahí por la pasta. Una y otra vez, se deslegitima a las mujeres que logran, con su talento y esfuerzo, acceder a altavoces y a plataformas desde las que llegar a más gente. A los hijos del patriarcado les molesta que sus impuestos sufraguen iniciativas feministas, pero se olvidan de que no son *sus* impuestos, sino los de todos y todas. Aunque no lo quieran, viven en una sociedad que está evolucionando y donde debería ser todavía más común que los discursos feministas fueran parte indisoluble de la conversación. No hay una intención de molestar, hay un propósito de transformarse. No hay paguitas, hay conciencia.

NUESTRA RESPUESTA:
OJALÁ ME PAGARAN A MÍ POR AGUANTAROS A VOSOTROS.

Os hacéis las víctimas y sois la generación de cristal

TE LO DESMONTO CON TRES ARGUMENTOS:

1. Ni fingimos ser víctimas ni nos inventamos la violencia que sufrimos. Ojalá no lo fuéramos, sinceramente.

2. Intentan que nos sintamos débiles o avergonzadas por violencias que no hemos creado nosotras. No lo conseguirán, la vergüenza debe cambiar de bando.

3. No somos la generación de cristal, somos la generación de hierro. Y nos hemos cansado de sufrir violencia.

Tengo una propuesta para todos los que nos dicen que no nos hagamos las víctimas. Es un planteamiento muy sencillo que acabaría con esta situación, así que estoy segura de que les va a encantar escucharlo. Ahí va: no nos hagáis ser víctimas.

Voy a ser muy clara. Denunciar una injusticia no es hacerse la víctima. Señalar la violencia no es hacerse la víctima. Sufrir las consecuencias de un sistema patriarcal que quiere limitar nuestras libertades, esclavizar nuestros cuerpos y someter nuestras mentes a unos patrones predeterminados no es algo que persigamos para ponernos la coronita de mártir. A nadie le gusta ser víctima de nada, y más con la connotación tan negativa que tiene en este sistema.

Es una situación que, por desgracia, nos está tocando vivir y nosotras somos las primeras que ponemos todo nuestro esfuerzo en revertirla. Tanto quienes denuncian como quienes no, quienes alzan la voz en la causa feminista como quienes dicen no sentirse cómodas con la etiqueta, todas somos víctimas de este sistema machista. Ojalá no lo fuésemos, de esto va el feminismo.

¿Por qué, entonces, escuchamos tanto esta frase? Porque, gracias al trabajo de todas las mujeres que lucharon, hoy tenemos el poder de alzar la voz. **No somos la generación de cristal, somos la generación que ya no tolera la violencia y que tiene herramientas para denunciarla en todas sus formas.** No somos de cristal, somos de hierro.

Pierden el tiempo al intentar hacernos creer que reivindicar un mundo más justo nos vuelve más débiles porque nosotras sabemos que hace falta valentía, energía, convicción y tesón para levantarnos cada día sin darnos por vencidas. Tenemos muchísimos ejemplos que demuestran que ser la mano que acusa no es un rol sencillo: nos amenazan con ridiculizarnos, con juzgar cada detalle de nuestra vida, con atacar a nuestros seres queridos o con poner a la opinión pública en contra. ¿O hemos olvidado ya que un juez permitió que un investigador privado siguiera a la víctima de la Manada para comprobar si actuaba como una «buena víctima»?

Basta de connotaciones negativas, basta de poner la lupa sobre quienes nos atrevemos a plantar cara a la injusticia. ¿Qué tiene de débil Gisèle Pélicot, la mujer que ha llevado a juicio a su marido y a los más de ochenta desconocidos que la violaron mientras ella estaba inconsciente? Cuando le sugirieron que la vista se celebrase a puerta cerrada, ella se negó porque tuvo bien claro que no es ella quien se tiene que sentir humillada. Pélicot quiso que el mundo viera los rostros de quienes la convirtieron en víctima, que fueran ellos quienes se enfrentasen a la dimensión de lo que habían hecho. **La vergüenza ha cambiado de bando.**

Es en mujeres como Gisèle Pélicot en quienes debemos pensar cada vez que oigamos frases como estas. Nuestras demandas no son las quejas de una generación débil, **son respuestas legítimas a problemas que nos afectan**. El machismo, la precariedad económica, el racismo o la preocupación por la ecología son temas transversales en nuestro día a día y tenemos todo el derecho a que formen parte de la conversación pública. ¿Que el machito de turno califica nuestras quejas de exabruptos emocionales? No nos asusta: tenemos una infinidad de argumentos sólidos detrás de cada una de nuestras denuncias.

Porque nosotras, al contrario que ellos, no buscamos una cabeza de turco al que hacer responsable para cerrar el debate. Lo que queremos es visibilizar la problemática estructural de nuestra sociedad y abordar una responsabilidad que no es individual, sino social. Deseamos literalmente que el problema deje de existir. Queremos escuchar a las víctimas porque sabemos que tienen algo que decir, porque tras la valentía de denunciar siempre hay un poder de cambio y una promesa de resistencia. Desactivar las voces que se atreven a enfrentarse al sistema es eliminar la posibilidad de acción real, de mejora, de los muchos futuros posibles en los que por fin disfrutamos de una igualdad real. Eso es lo que el patriarcado pretende y es lo que le negaremos cada vez que denunciemos.

NUESTRA RESPUESTA:
SOMOS LA GENERACIÓN DE HIERRO QUE QUIERE ACABAR CON LA VIOLENCIA.

Ahora ya no se puede hablar de nada

TE LO DESMONTO CON TRES ARGUMENTOS:

1. El feminismo no silencia; da voz a quienes nunca la tuvieron.

2. Ellos seguirán diciendo cosas machistas, pero tendrán que soportar que el movimiento feminista les conteste.

3. Ya no toleramos la violencia, aunque esté profundamente normalizada.

¿Cuántas veces hemos escuchado un «ahora ya no se puede hablar de nada» cuando señalamos actitudes machistas? Se ha convertido en un mantra en esas personas a las que le echamos en cara el machismo, racismo u homofobia de sus palabras. Aquí te dejo un truco: una buena forma de identificar a gente que siente atacados sus privilegios es que siempre dirán que lo que está en riesgo es su libertad de expresión. Pero ¿qué hay detrás de esto?

Cuando alguien lo dice, lo que en realidad suele ocurrir es que su zona de confort ha sido cuestionada. Por ejemplo, en el caso del machismo, muchas bromas, comentarios o actitudes que antes se aceptaban ahora reciben críticas. Y quienes las dicen no pueden soportar que su Club de la Comedia particular no sea tan aclamado como están acostumbrados. Entiendo que genere desconcierto, pues lo que se aplaudía en otros tiempos hoy en día lo cuestionamos. **Y no es que no se pueda hablar de nada, es que ya no toleramos la violencia.**

Detrás de una broma o un comentario inofensivo, muchas veces perpetuamos y normalizamos desigualdades. Qué casualidad que los chistes siempre son hacia mujeres, hombres gais, personas racializadas o con discapacidad, o en situación de extrema pobreza. Siempre me ha gustado la frase de que el humor, cuando es de arriba hacia abajo, implica violencia simbólica. Y la libertad de expresión nunca ha significado la libertad de hablar sin consecuencias.

Por más que quieran negarlo, esta frase parte de una posición privilegiada. Quienes más la repiten suelen ser personas que no han tenido que callarse por miedo al rechazo, la violencia o la discriminación. Mientras ellos sienten que están perdiendo terreno, las mujeres y otros colectivos reclamamos un espacio donde no se nos agreda.

Solo hay que mirar con un poco de intención para descubrir que **la raíz de esta queja es el miedo a perder poder o control.** Antes, el machismo estructural aseguraba que los hombres pudieran hablar de cualquier tema sin que nadie los cuestionara. Pero el feminismo nos invita a reflexionar: ¿qué impacto tiene lo que digo? ¿Estoy perpetuando desigualdades?

La incomodidad que genera esta reflexión no es censura, es crecimiento. Aprender que ciertas bromas son ofensivas o que comentarios sobre el cuerpo de alguien son violencia simbólica no elimina el humor ni las conversaciones. Aquí nos saltan con que somos «la generación de cristal», pero ya hemos visto en la frase anterior que nada más lejos de la realidad. Buscan ridiculizar y minimizar nuestros análisis y las violencias que hemos normalizado, pero lo irónico es que no hay nada más fuerte que enfrentarse a un sistema opresivo. Se necesita mucha valentía, firmeza y resistencia para señalar lo que antes era invisible, para decir: «Esto no está bien» y seguir adelante pese a las críticas y burlas.

Hemos decidido no tolerar más la violencia, ni siquiera la que viene disfrazada de broma o tradición. Porque cuestionar los chistes machistas, las dinámicas de poder abusivas o las microagresiones no nos hace débiles; nos hace conscientes de nuestra fuerza colectiva. Y es que estamos hasta el coño del machismo.

Pero volviendo a la frase, ese «ahora ya no se puede hablar de nada» se presenta como un anhelo del pasado. Una nostalgia de un tiempo donde todo era más «sencillo», pero, ojo, solo para algunos. Los señoros que dicen estas frases se olvidan de que en esa época las mujeres aguantábamos chistes sexistas y las violencias machistas se escondían bajo alfombras culturales. Que es lo que pretenden que ocurra ahora y a lo que nos negamos.

Y es que el feminismo no está matando la conversación; al revés, la amplía. Nos obliga a pensar en temas que antes no se discutían: consentimiento, desigualdades en las relaciones, cuánto se nos representa y cómo… Ahora hablamos de más cuestiones, no de menos. **Lo que realmente molesta no es que no se pueda hablar, sino que no se pueda ignorar la respuesta.** Si alguien dice algo machista, misógino o discriminatorio, puede hablar, claro que sí. Pero debe entender que las demás personas también tenemos derecho a responder, cuestionar y exigir respeto.

El problema no es la falta de libertad, sino la resistencia a reconocer que el mundo ya no gira en torno a sus palabras. Este cambio no es una pérdida; es una ganancia colectiva. Ellos seguirán diciendo cosas machistas, pero tendrán que soportar que el movimiento feminista les conteste.

Y, oye, qué casualidad, quienes nos acusan de ser «de cristal» suelen ofenderse los primeros cuando señalamos sus comentarios como problemáticos. Si alguien les dice que una broma es sexista o que un comportamiento perpetúa el machismo, responden con frases como: «Todo os ofende», una queja que refleja su propia fragilidad ante el cambio. Y lo que les incomoda es sentir que pierden su posición de privilegio y dominación. Antes podían decir cualquier burrada y nadie les increpaba, ahora ya no toleramos la violencia.

NUESTRA RESPUESTA:
LO QUE NO SE PUEDE ES SER UN MISÓGINO, RACISTA Y HOMÓFOBO.

8.
RACISMO + MACHISMO = UN BUEN COMBO

El racismo y el machismo se entienden a la perfección porque la base es la misma: el odio.

¿Por qué habláis de Manolo y no de Mohamed?

TE LO DESMONTO CON TRES ARGUMENTOS:

1. Hablamos de Manolo porque Manolo ha hecho algo; denunciamos al agresor se llame como se llame y venga de donde venga.

2. No comprar las *fake news* que acusan a migrantes e incitan al odio no es ser menos feminista, pero sí más responsable, ética y humana.

3. Huele a racismo desde aquí. En el feminismo si no cabemos todas, no podremos hacer un frente común.

Para empezar, hablamos de Manolo porque él concretamente ha hecho algo cuestionable. Hay una manera sencillísima de acabar con nuestras denuncias y reivindicaciones contra los hombres —blancos y españoles, se entiende en este caso—, y esa manera es que dejemos de tener actos que denunciar y desigualdades que exponer. **Así de fácil: si paráis de perpetrar actos denunciables, se acaba la conversación.**

Tenemos mejores cosas que hacer que estar todo el día hablando con nuestras amigas sobre todo lo que sufrimos. Y estas preguntas, con tufillo a racismo descarado, tratan de crear la sensación de que nuestras acusaciones son interesadas y de que solo las dirigimos a cierta parte de la población. Ahora que, por desgracia, tenemos aún fresco el caso Errejón, por lo menos que nos sirva como prueba de que nada nos va a detener a la hora de denunciar a agresores sexuales y machistas: ni su nacionalidad, ni su espectro político, ni que esté en contra de nosotras o entre nuestras filas. Un agresor es un agresor, se llame Mohamed, Íñigo o Alberto.

Lo que no compramos, y lo diremos todas las veces que haga falta, son **las *fake news* que surgen cada vez que hay un caso de agresión sexual** y que aseguran, sin un solo dato verídico, que la mayoría de los agresores son inmigrantes. Hay todo un entramado de justicieros de cartón piedra que se llenan la boca —y nos llenan las redes— de noticias falsas de supuestos violadores extranjeros, perfiles con el superpoder de conocer la nacionalidad del acusado antes que la Policía y que siempre siempre tienen la mala suerte de quedarse sin conexión cuando les tocaría rectificar las mentiras que han difundido. Y sí, hablo de Alvise, Vox, Hogar Social o los miles de tuiteros de extrema derecha.

Sus palabras no son inocuas; buscan y consiguen incitar la violencia contra personas migrantes y menores tutelados. **No seguirles el juego ni participar en sus mentiras no es una renuncia del feminismo, sino un deber moral ineludible** para no perder la humanidad más básica.

Hay una razón por la que todos estos perfiles que fomentan el odio racial, que se esconden bajo el «¿por qué no habláis de Mohamed?», se mueven en entornos de extrema derecha. Los derechos y la seguridad de las mujeres no les preocupan ni les han preocupado nunca; lo que quieren es desviar la atención que nuestra lucha pone sobre ellos, utilizar nuestra rabia para avivar su odio racista.

Se olvidan de que **el feminismo es un espacio en el que cabemos todas**, sin importar la nacionalidad, la raza, la orientación sexual o la clase social. Y, para todas las personas que dicen o piensan así, lo que tienen en común los agresores machistas es que son hombres. Ni su edad, ni su raza, ni su religión. Así que que no nos despisten. Y lo hemos visto claro en el caso de Gisèle Pélicot: de la larga lista de agresores la gran mayoría eran franceses. Solo sacan a relucir el tema de la nacionalidad cuando los agresores son migrantes, pero cuando son autóctonos esa variable parece que se les olvida.

Por cierto, ¿sabéis cuándo a los Hombres... se les quitan las ganas de comparar los Manolo y los Mohamed? Cuando salen noticias como la lista de los mayores deudores a Hacienda, personas que deben tanto dinero a las arcas públicas que, si pagasen, podrían mejorarse hospitales, carreteras, escuelas y un infinito abanico de servicios de esos que «colapsan los inmigrantes». Por lo que sea, a nadie le apetece sacar a relucir que en esa lista hay muchos Manolo y absolutamente ningún Mohamed.

NUESTRA RESPUESTA:

HABLO DE QUIEN ME AGREDE, SEA DE DONDE SEA.

¿Por qué no vais a Afganistán? Ahí sí que están oprimidas

MACHIRULO EN PRÁCTICAS

TE LO DESMONTO CON TRES ARGUMENTOS:

1. El machismo no es solo la violencia más obvia, hay capas de opresión más sutiles que no debemos olvidar.

2. Quieren desviar la mirada de lo que ocurre aquí para que ellos salgan impunes y nosotras nos sintamos culpables.

3. Y sí que vamos a Afganistán: las mujeres representan en torno al 43 % de las trabajadoras de ayuda humanitaria en todo tipo de destinos.

Más de 6.000 kilómetros. Esa es la distancia entre Afganistán y España, y ese es el único dato que importa de verdad a los que nos dicen esto. Les da igual la situación de las mujeres bajo el régimen talibán, como tampoco les importan las refugiadas ucranianas sometidas a agresiones sexuales o las violaciones sistémicas perpetradas contra las víctimas de la guerra civil en Myanmar.

Nos dicen que cómo nos hacemos llamar feministas si no vamos a ayudar a Afganistán, pero la única verdad es que ellos son los primeros que jamás irían a prestar su ayuda a las mujeres afganas. No les interesa la situación de las mujeres de aquí, como para fingir que les afecta la violencia de otros países.

Lo que nos quieren es lejos porque cerca molestamos, cerca vemos sus abusos, nos organizamos para reaccionar y les ponemos freno.

Esta es una acusación muy capciosa porque tiene un doble objetivo: cuestionar nuestra implicación en la lucha feminista y correr una cortina de humo sobre las violencias que suceden a diario en nuestras calles, barrios y ciudades. Tras estas palabras se esconde un intento de transmitir que ejercer el feminismo en España no es relevante. Por eso, prefieren redirigir la conversación a «lo importante», que, en este caso y por pura conveniencia, se convertirá en la injusta situación de las mujeres afganas. «Oye, que no digo que no haya cosas que arreglar en España, pero ¿y lo de Afganistán qué?».

Puede que no lo estés diciendo, pero si cada vez que sale el tema nos devuelves la pelota llevándote la discusión a más de 6.000 kilómetros de distancia, **está claro que piensas que el machismo que vivimos aquí no es una cuestión transversal, nociva y absolutamente urgente**. Nosotras, en cambio, sí que consideramos que urge frenar las barbaridades que se están cometiendo contra las ciudadanas de Afganistán, como también creemos que tenemos el deber de trabajar para mejorar nuestro entorno más cercano.

La violencia que se ejerce contra las mujeres bajo ciertos regímenes o conflictos bélicos es aterradora, gravísima y merece nuestra denuncia más absoluta. Pero que haya asesinatos, torturas y violaciones en un lugar del mundo no es un argumento para dejar de ver las violencias estructurales que hoy todavía forman parte de Occidente.

Sí, yo también prefiero vivir en una democracia europea que en un país donde no se me permitiría levantar la voz, pero **el relativismo no puede ser nuestra brújula**. Estamos hartas de hacer pedagogía sobre el iceberg de la violencia y de repetir que los feminicidios son solo la punta visible de una pirámide de actos y conductas que apuntalan el patriarcado. Seguimos sin estar seguras volviendo a casa de noche, seguimos tapando nuestra bebida en los bares, seguimos escuchando casos de agresiones sexuales en el seno de nuestras familias, entre nuestras amistades y en los círculos en los que confiábamos.

Todavía cargamos con el peso de unas expectativas estéticas abrumadoras, nos peleamos para derribar el techo de cristal en nuestros trabajos, y al volver a casa comprobamos que la mayoría de las tareas domésticas y de crianza aún recaen sobre nosotras. Todo eso es violencia, una que ocurre apenas a centímetros de nosotras y que, créeme, estamos en proceso de desmontar. No nos vamos a Afganistán porque no nos dejáis, porque todavía estamos ocupadas en desarmar este tinglado patriarcal que nos hace la vida cuesta arriba. ¿Por qué no te vas tú?

En honor a la verdad, porque al final este libro parte desde ahí, déjame reconocerte que por supuesto que la idea de plantarse mañana en Afganistán da miedo. **¿Cómo no va a dar miedo rodearse de hombres que se creen con derecho a decidir sobre nuestra vida y nuestra muerte?** Y, aun así, a pesar de las condiciones especialmente cruentas contra las mujeres en gran parte de países bajo dictaduras o conflictos violentos, un 43 % de la asistencia humanitaria a escala global está en manos de trabajadoras, según cifras de Naciones Unidas.

El miedo a los feminicidios, las agresiones sexuales o los secuestros no detiene a las trabajadoras humanitarias y el temor a que nos hagan preguntas tan malintencionadas como esta no nos impedirá a nosotras seguir batallando por un mundo más justo para todas y todos, aquí o a miles de kilómetros de distancia.

NUESTRA RESPUESTA: LA OPRESIÓN SE COMBATE EN TODOS LOS SITIOS, TAMBIÉN EN CASA.

La mayoría de los agresores sexuales son inmigrantes

TE LO DESMONTO CON TRES ARGUMENTOS:

1. Lo que tienen en común la mayoría de los agresores sexuales es que son hombres. En concreto, el 94,2 % según el Ministerio del Interior en 2023.

2. Más del 70 % de los delitos sexuales son cometidos por hombres nacidos en nuestro país.

3. La violencia sexual está presente en todas las culturas, países y clases sociales.

Hay combinaciones maravillosas, como la nieve y un chocolate caliente, los domingos y el estreno de una buena serie o cuando Taylor Swift hace una colaboración con Lana del Rey. Y luego hay combinaciones nefastas, combos tan terribles que parecen diseñados por un ente maligno. Por desgracia, toca hablar de uno de esos. Cuando el machismo y el racismo se alían, aparecen dos cosas preocupantes, y esta frase las ejemplifica muy bien. Primero, mentir de forma descarada y que no pase absolutamente nada; y, segundo, la intención racista y machista de esta mentira.

Vamos por partes. La extrema derecha siempre centra sus discursos en construir un falso perfil del agresor sexual, aludiendo a temas de raza o etnia y con lógicas racistas. No parecen estar tan preocupados por estos motivos cuando se trata de hablar de las víctimas. Como dice la periodista Patricia Simón, «son las mujeres más pobres, las más jóvenes y las más racializadas aquellas más impunemente agredidas física y sexualmente». Al final, las violencias se interrelacionan y ya sabemos que el machismo se entiende a la perfección con el racismo y el clasismo.

Esta frase es un clásico de quienes **intentan mezclar machismo y racismo en un cóctel tóxico para desviar la atención del problema real**: la cultura patriarcal que normaliza la violencia sexual. No solo es una afirmación falsa, sino que también es peligrosa porque invisibiliza a los agresores autóctonos (que son mayoría) y alienta prejuicios racistas que no ayudan en absoluto a combatir las violencias de género. En pocas palabras, es un argumento basado en el odio, no en los datos.

Por ejemplo, cuando analizamos la violencia sexual vemos patrones muy marcados en los perfiles: el principal es el sexo biológico, el 94,2 % de los agresores son hombres y el 87,8 % de las víctimas son mujeres, según datos del Ministerio del Interior en 2023. Además, tal y como informa el mismo ministerio, más del 70 % de los delitos sexuales los cometen hombres que han nacido en España.

Decir: «Los inmigrantes son el problema» no solo es racista, sino que nos presenta un escenario horrible donde parece que los hombres españoles, por el mero hecho de haber nacido en España, son superfeministas. Del otro lado, se asocia el machismo solo con culturas latinas o musulmanas, sin poner la lupa en toda la misoginia que hay en nuestra sociedad. De verdad, es imposible defender esto con seriedad a poco que hayas salido una unidad de veces a la calle en España.

La violencia sexual no depende de la nacionalidad, sino del patriarcado, un sistema global que induce a los hombres a pensar que tienen derecho sobre nuestros cuerpos. Vale, no es lo mismo estar en Afganistán que en Suecia. Eso lo tenemos muy claro. Hay países muchísimo más avanzados en términos de feminismo que otros, pero literalmente en todos hay dosis de machismo. No hay ningún país del mundo donde el número de feminicidios o agresiones sexuales sea cero. Mientras esto siga así, tenemos que continuar trabajando.

Si nos centramos en España, hemos de reconocer que el machismo no opera igual para todas las mujeres. Las racializadas sufren una doble discriminación: machismo y racismo. Son ellas las que están más expuestas a agresiones y encima con frases como estas, que potencian el racismo, como doble víctimas de toda la situación.

Los agresores no violan porque vengan de otro país o cultura, **ya que la violencia sexual la hallamos en todas las culturas, países y clases sociales del mundo**. Decir lo contrario es ignorar que el machismo está arraigado en todas las estructuras de poder.

Esta frase no solo es falsa, sino que está diseñada para generar miedo y reforzar prejuicios. Es una estrategia clásica de desviar la atención: señalar al «extraño» como amenaza mientras hay agresores que están en casa, en la familia o en el grupo de amigos. Utilizan el racismo como excusa para no hablar de machismo porque culpar a los inmigrantes permite a los hombres blancos eludir su responsabilidad. Son lobos con piel de racista. Es mucho más fácil desviar la atención a lo «ajeno» que cuestionar las dinámicas de poder que sostienen el patriarcado en nuestro propio entorno.

Y, de verdad, a mí me da igual el color de piel, la religión o etnia de la persona que me está agrediendo. No es más grave si es musulmán que si es cristiano. Yo quiero combatir la violencia machista, venga de donde venga.

NUESTRA RESPUESTA:
LA MAYORÍA DE LOS DELITOS SEXUALES EN ESPAÑA LOS COMETEN HOMBRES ESPAÑOLES. Y HAY QUE SER MUY RACISTA PARA OBVIAR LOS DATOS Y DEFENDER LO CONTRARIO.

9.
SE TE HA CAÍDO UN POCO DE HOMOFOBIA

Detrás de la homofobia está la idea misógina de la heterosexualidad como único camino.

¿Por qué los gais/ lesbianas van diciendo su orientación sexual por el mundo?

MACHISTÓMETRO:

HIJO SANO DEL PATRIARCADO

TE LO DESMONTO CON TRES ARGUMENTOS:

1. La gente del colectivo salimos constantemente del armario, mientras que la gente heterosexual, no.

2. Nadie lo dice porque sí, es una parte más de nuestras vidas como cualquier otra. ¿Por qué molesta tanto?

3. Decirlo es una forma de visibilizarlo, de poner encima de la mesa que, por ejemplo, una mujer puede amar a otra mujer.

Hablar sobre orientaciones sexuales es de las cosas que más me gustan, y me parece superinteresante identificar sesgos de homofobia interiorizada —o exteriorizada, en este caso—. Ponte la bata de analista, porque vamos a desgranar esta frase que he escuchado millones de veces. Y si alguna vez lo has dicho o lo has pensado, no temas, no pasa nada. Lo que importa es aprender.

Cada año se celebra el Orgullo, un día en el que la gente del colectivo celebra y reivindica su orientación sexual no-heterosexual. A raíz de él, se oyen muchas frases como: «A mí me da igual con quién se acuesten, pero ¿por qué lo tienen que decir al mundo?» o «yo no tengo nada en contra, pero no hace falta que lo vayan pregonando». Son cuestiones que emergen el Día del Orgullo, pero que, si prestamos atención, también las podemos escuchar en el trabajo, en la universidad, el instituto o por las redes. Quizá a primera vista no lo parece, pero detrás de esto hay mucha homofobia.

Hemos sido educadas en un mundo hetero, esto es así. Todas las pelis, series, canciones, libros de amor, etc. hacían referencia únicamente a chicas con chicos. Por eso hablamos de la heteronorma, nadie nos ha puesto una pistola en la cabeza para ser heteros, pero **si solo te enseño una posibilidad, te la estoy imponiendo**. Desde bien pequeñas hemos entendido que solo hay un camino en el amor: que te gusten los hombres. La idea de familia es un hombre, el padre, y una mujer, la madre. Y punto.

¿Qué ocurre? Que no todo el mundo recorre este camino. Las lesbianas, bisexuales y gais hemos existido siempre, y cada vez somos más gracias a la visibilidad y a entender que ya no solo existe una posibilidad. Y no ser hetero te hace plantearte unas cuestiones que otras personas no se hacen: ¿qué me gusta? ¿Por qué me gusta lo que me gusta? ¿Cómo afecta esto a mi identidad?

@UsuariodeX

La **orientación sexual** de cada uno debería quedarse en su ámbito privado, y no hacer apología de ella. Una vez respetados los derechos de cada persona, utilizar un altavoz para **pregonar** diferencias «íntimas», e intentar imponerlas , es ,asimismo,discriminación. No aprendemos.

146   1,4k   2,3k

La gente hetero no sale del armario ni tiene la necesidad de anunciarlo al mundo. Porque es algo que ya se da por hecho. Las mujeres heteros hablan constantemente de sus maridos y a nadie le suena extraño ni le chirría, mientras que, si yo hablo de mi novia, automáticamente la gente me etiqueta en su cabeza como lesbiana o bisexual y le otorga importancia.

Además, las lesbianas, bisexuales y gais lo decimos porque el silencio significa heterosexualidad. **No decir nada es presunción de ser lo más habitual, que en este caso es hetero.** Por lo tanto, decirlo sirve para visibilizarlo y plantear que, por ejemplo, una mujer puede amar a otra mujer.

Si en vez de lesbiana, dijésemos que somos «demócratas» o «amantes de los animales», ¿generaría esta reacción? ¿Alguien cuestionaría por qué tenemos que decir a los cuatro vientos que amamos a los animales?

Estamos en un mundo donde sigue existiendo la homofobia, donde aún recibimos odio y violencia por nuestra orientación sexual, donde todavía vemos a mucha gente del colectivo con homofobia interiorizada. Así que decirlo abiertamente y sin tapujos es un acto político.

Por ejemplo, el trabajo o la universidad son unos entornos donde se pasan muchas horas y se producen conversaciones personales: «¿Qué tal las vacaciones? ¿Qué has hecho? ¿Vives cerca de la oficina? ¿Con quién?». Esto lo vivo en mi día a día, lo que me lleva a pensar en cuánta gente del colectivo miente ante estas preguntas. Porque hay muchísima gente que sigue dentro del armario y que vive con un terror constante a que se descubra su orientación sexual y afecte a sus carreras profesionales o su reputación en el trabajo.

No me quiero dejar lo más importante: ¿cuántos heteros han tenido que ocultar el sexo de su pareja? ¿Cuántas personas heteros han sentido miedo a que el mundo sepa que son heteros? *Spoiler*: ninguno.

NUESTRA RESPUESTA:
¿QUÉ PROBLEMA HAY EN DECIRLO?

Eres lesbiana porque no has probado una buena p*

TE LO DESMONTO CON TRES ARGUMENTOS:

1. Soy lesbiana porque me gustan las mujeres.

2. Paco, si las pollas son tan buenas, ¿por qué no las pruebas tú?

3. Esta frase demuestra que solo se concibe el sexo alrededor de un pene.

Hay tantas cosas que están mal de esta frase que no sé ni por dónde empezar. A ver, los hombres heteros deberían ser los más comprensivos con que a una mujer le guste otra mujer, ¿no? No sé, al final compartimos el sentimiento de atracción y deseo hacia las mujeres. Pero, detrás de esta frase, hay un machismo y una lesbofobia muy fuerte.

Primero, somos lesbianas porque nos gustan las mujeres. No necesitamos acostarnos con un hombre para definir nuestros deseos o preferencias. Detrás de la típica frase de «hay que probar de todo» se esconden cuestiones un poco chungas. Porque nadie le dice esto a un hombre hetero para que se acueste con otro hombre. Y sí, probar cosas está muy bien y es divertido, pero siempre que tengas ganas o curiosidad. Incitar a alguien a acostarse con otra persona solo para hacer un *check* en una lista es un poco extraño.

Además, si tan buenas están las pollas, ¿por qué no las prueban ellos? Es que esto me hace mucha gracia. A mí me han dicho esta frase varias veces en mi vida, y siempre respondo lo mismo: «Paco, ¿por qué no las pruebas tú? Si las pollas son el santo grial, ¿por qué no estás tú con hombres?». **El tema de fondo es que presuponen que las lesbianas, por el hecho de estar con mujeres, «nos estamos perdiendo algo»** y «no sabemos lo que es el buen sexo». Como si solo se pudiese follar con un pene de por medio y, por lo tanto, las lesbianas no follásemos.

Este pensamiento está superextendido, hasta el punto de que se han categorizado dos momentos en el acto sexual: los preliminares y follar. Esta visión nos presenta una imagen del sexo muy limitante y sesgada. Los preliminares se entienden como todo lo previo a lo importante, como los entrantes en una comida. El plato principal es el protagonista y todo lo demás es la antesala. Cuando tú le preguntas a tu amiga: «Pero ¿follaste con él?», sabes a qué te refieres.

Le damos un valor espectacular a la penetración, situándola en el centro de todo acto sexual cuando, además, muchísimas mujeres no tienen orgasmos de esta forma porque no es suficiente para estimular su clítoris.

Esta frase refuerza la idea de que el pene está en el centro de la sexualidad, y si no hay pene, no hay sexo. Es bastante rancio, la verdad. Y tiene unos toques extraños a terapias de reconversión, es decir, «si pruebo una buena polla, entonces me curaré y seré heterosexual». En el fondo, lo que este argumento proyecta es que todo el mundo debería ser heterosexual, especialmente las mujeres.

Conclusión: «Paco, las mujeres podemos ser felices sin los hombres y somos capaces de tener un sexo profundamente placentero sin penes».

NUESTRA RESPUESTA:
¿POR QUÉ NO LA PRUEBAS TÚ?

Las bisexuales son unas viciosas

TE LO DESMONTO CON TRES ARGUMENTOS:

1. Ser bisexual no tiene nada que ver con tu frecuencia sexual. Te pueden gustar hombres y mujeres, y tener poca vida sexual.

2. Pensar que las mujeres bisexuales son unas viciosas es fetichismo puro y duro impulsado por el porno.

3. Nadie elige ser bisexual para ligar más. ¿Quién escogería ser juzgada constantemente por gusto?

La bisexualidad es una orientación sexual que recibe muchísimos prejuicios. En una sociedad que a menudo ve las orientaciones monosexuales como las únicas aceptables, las personas bisexuales conviven con el estigma de ser unas «viciosas». Hay quien apela a la lógica matemática: si te gustan tanto los hombres como las mujeres, ¡te gusta todo el mundo! Como si todas las mujeres heterosexuales quisieran follar con todos los hombres... Está claro que este argumento hace aguas por todos lados, pero todavía hoy hay quien dice lo de: «¡Qué guay, bisexual, así triunfas el doble!».

Pero vayamos por partes. La orientación sexual es «la capacidad» para sentir atracción sexual por hombres y mujeres. Que tengas la capacidad de hacer algo no significa que lo hagas de forma indiscriminada ni todo el rato. Sería como afirmar que, porque pueda saltar, no voy dando saltos todo el día. Absurdo, ¿verdad? Pues las personas bisexuales tampoco están todo el día ligando, con una vida sexual profundamente activa, ni sintiendo atracción por todo el mundo. **Porque una cosa es tu orientación del deseo y otra cosa es la frecuencia de tu deseo.**

Y también te digo: ¿qué problema hay en ser viciosa? Es decir, la bisexualidad no lleva implícita una gran actividad sexual. Pero en el caso de que alguna mujer la tuviese, ¿por qué es algo malo? La sociedad asume que «los hombres están pensando en sexo todo el día», hemos oído esas frases mil veces y no ocurre nada de malo. Pero a la que se sospecha que una mujer puede tener mucha actividad sexual, algo que no tiene nada que ver con nuestra orientación, automáticamente se nos estigmatiza.

Las mujeres bisexuales sufren un doble estigma, el llamado «doble armario». Por un lado, está el armario de la sociedad, en la que existe la expectativa de que todo el mundo es heterosexual, por lo que asumir una identidad bisexual implica enfrentarse a muchos prejuicios. Por otro lado, está el momento de «es una fase», gente que directamente no percibe la bisexualidad como una orientación sexual definitiva, sino como una fase previa a aceptar la verdadera identidad, que únicamente será gay, lesbiana o hetero.

Algo curioso de analizar es que tu orientación sexual se confunde con tus prácticas sexuales. Dependiendo de con quién estés en un momento concreto, se asignará tu orientación sexual. Y si hemos de ser honestas, tus prácticas tendrán un impacto en la configuración de tus opresiones porque no es lo mismo que tu pareja sea un hombre que una mujer en esta sociedad. Si eres una mujer bisexual que está con otra mujer, automáticamente la sociedad te leerá como lesbiana. Pero si después estás con un hombre, pasarás a ser hetero. Literalmente, es no entender las orientaciones sexuales y se suma a la invisibilización de las mujeres bisexuales.

Además, se atraviesa un prejuicio muy concreto que huele al machismo más rancio. Nunca falla. Es decirle a un hombre que eres bisexual y ves cómo se le ilumina la cara. ¡Por fin podrá hacer un trío con dos mujeres! Ha bajado la Virgen y le ha regalado un pase VIP al parque de atracciones de la experimentación sexual. **Se da por hecho que sumar a otra mujer en la cama será una propuesta recibida con los brazos abiertos.** Esto es debido a una fetichización de la bisexualidad alimentada por el porno, en la que las mujeres bisexuales se ponen al servicio de los deseos de un hombre para que tenga sexo con dos mujeres a la vez. Vuelvo a repetirlo: una cosa es la orientación sexual y otra, las prácticas sexuales. A muchas mujeres bisexuales no les pone nada la idea de andar haciendo tríos con su pareja y están hartas de recibir presiones para cumplir fantasías ajenas. Y, ya puestos, abramos el melón: ¿por qué los mismos que sueñan con un trío con dos mujeres cortocircuitan cuando piensan en hacer un trío con hombres?

Pues porque hacer un trío con dos mujeres se alinea con la masculinidad tradicional y, en cambio, un trío con dos hombres significaría una inversión de los roles tradicionales, cruzar límites que se asocian a comportamientos homosexuales y sentirse amenazados o entrar en competición con el otro. En cambio, en el imaginario masculino, complacer a dos mujeres es como pasarse el *final boss* de un videojuego.

Por último, recordemos esto: en 69 países del mundo es ilegal ser homosexual, mientras que solo en 28 países existe el matrimonio igualitario, según el informe *Homofobia de Estado*, elaborado por ILGA World en 2020. Estas leyes también afectan a las personas bisexuales, quienes se enfrentan a la represión por cualquier relación con una pareja de su mismo sexo, lo que las obliga a ocultar su orientación o a vivir solo relaciones heteros en público. Las bisexuales sufren discriminación durante toda su vida por el mero hecho de serlo, y nadie elegiría sufrir bifobia por gusto.

> **NUESTRA RESPUESTA:**
> # EL VICIO ESTÁ EN LA MIRADA DE LOS HOMBRES HETEROSEXUALES EDUCADOS EN EL PORNO.

Esto es de gais

TE LO DESMONTO CON TRES ARGUMENTOS:

1. Las cosas no son «de gais» o «de heteros». Esta frase es una extensión más de los estereotipos de género, ya que asocia «lo gay» con «lo femenino».

2. Se usa para calificar cosas de «débiles», por lo que coarta la libertad de los hombres con gustos que no se asocian típicamente a lo «masculino» y discrimina a los homosexuales.

3. La orientación sexual no define ni la personalidad ni el comportamiento.

¿Qué son las cosas «de gais»? ¿Los musicales, Britney Spears y vestir con shorts o la ropa de cuero, presumir de músculos y tener una barba espesa? Aunque acabo de nombrar estereotipos dentro del mundo gay —que también son problemáticos y más adelante analizaremos por qué— está claro a qué «tipo de gay» tienen en mente quienes lanzan estas acusaciones: a ese que consideran pasivo, frágil, menudo, delicado y, por momentos, «una loca». Es decir, al que se asocia con características típicamente femeninas. Porque el machismo va de esto, asociar lo femenino con algo negativo.

Una vez más, nos encontramos frente a una idea que asume que hay ciertas actitudes, gustos o comportamientos exclusivamente masculinos o femeninos y que cualquier desvío es inapropiado. Por lo tanto, si a un hombre heterosexual le gusta hacer una actividad «típicamente femenina», sus amigos machos le advertirán: «¡Ojo, que esto que tanto disfrutas es de gais!». Porque, claro, si te gusta ver patinaje sobre hielo y eres un hombre solo puedes ser gay. ¿O acaso es posible que a un hombre heterosexual le guste algo femenino? Claro que no. La única explicación es que sea un desviado, aka un «gay».

En el patriarcado hay dos formas efectivas de meterle miedo a un hombre. La primera es sacarle los datos de denuncias falsas de la Fiscalía, la segunda es acusarlo de ser homosexual. ¡Toda esa hombría que tanto se ha trabajado —esas noches viendo monólogos de humoristas y debates de fútbol, leyendo a Marco Aurelio y discutiendo sobre lo cruda que debe estar la carne— en peligro por una palabra! La reacción ante semejante pérdida de capital masculino es renunciar a los gustos personales y sumarse al equipo de los que desprecian todo lo que no suene a macho.

Y sí, esta situación es más habitual de lo que pensamos. Ver comedias románticas en lugar de pelis de superhéroes, cruzar las piernas en lugar de espatarrarse en el asiento, disfrutar más con Eurovisión que con el mundial de fútbol, practicar yoga en lugar de artes marciales… Todo esto puede ser etiquetado de «gay» y, por lo tanto, es condenado por el patriarcado. Este es un claro ejemplo de que **el machismo a través de la socialización les mete en la cabeza que solo hay una forma válida de ser hombre**. Es una visión simplista que lo clasifica absolutamente todo en dos cajones: uno rosa, de niña; otro azul, de niño. Si eres un hombre al que le gusta algo del cajón rosa, o eres un «nenaza» o eres gay; si eres una mujer a la que le gusta algo del cajón azul, eres una «marimacho».

Conviene recordar, por enésima vez, que lo que entendemos como «masculinidad» o «feminidad» no es biológico, sino una construcción cultural. Sin embargo, existe tal presión social que muchos hombres son juzgados si no encajan en el estereotipo tradicional de la masculinidad. Sienten que están obligados a ser unos machotes, pero en el momento en que no se ajustan a ese ideal —ya sea por su orientación sexual o simplemente por no encajar en el molde— se convierten en hombres de segunda. Estas etiquetas absurdas **encierran a los hombres heterosexuales en un corsé de expectativas**.

No nos olvidemos tampoco de lo que comentaba al principio: es importante reconocer que dentro del colectivo gay también hay machismo. Nadie escapa a estas dinámicas sociales. Por ejemplo, se tiende a usar el término «pasivo» de manera negativa, asumiendo que implica debilidad y asociándolo a características femeninas, mientras que el «activo» se refiere a aquellos homosexuales más dominantes, con actitudes típicamente «masculinas». ¡Ni dentro del colectivo escapamos de la misoginia y del binomio hombre-mujer! Solo hace falta entrar en Grinder para ver estas dinámicas. Sin darnos cuenta muchas veces reproducimos roles heterosexuales, esta idea rancia de que alguien tiene que «hacer de hombre» y «hacer de mujer». Y esto lo vemos tanto en parejas de gais como de lesbianas.

Que quede claro, **la orientación sexual no define la personalidad, el estilo ni las actitudes de una persona**. No existen «cosas de gais», porque el colectivo gay no es un grupo homogéneo que actúa de la misma forma. Y esto es algo bastante básico dentro del feminismo: no hay cosas de hombres ni de mujeres. Aplicando esta lógica se acaba con la homofobia. Siempre he pensado que la homofobia es una expresión más de machismo. El rechazo a los gais y lesbianas es el rechazo de hombres y mujeres que se alejan de cómo deberían comportarse. Y si lo analizamos bien, los hombres gais reciben un odio mucho más directo y profundo, porque al sistema le genera más rechazo un hombre que «se comporta como una mujer». Todo mal.

NUESTRA RESPUESTA: NO EXISTEN «LAS COSAS DE GAIS».

Conclusión

Estas son las frases que nos han intentado callar, las que se han enrecado en nuestra historia como sogas que oprimen y silencian. Pero aquí estamos, deshacemos nudos, arrancamos etiquetas, respondemos con fuerza a cada intento de someternos. El machismo sigue vivo y con un altavoz preocupante. Nos enfrentamos a la caverna más rancia y también a la misoginia sutil; al más evidente y agresivo, pero también al que se camufla y se vuelve imperceptible.

Y las mujeres ya nos hemos cansado de todo esto: ya basta de feminicidios, de violencia sexual, de los roles sexistas de género, de la presión por estar perfectas, del canon de belleza de que todo el peso de la maternidad recaiga sobre nosotras, de que el monopolio de los cuidados sea nuestro, de lesbofobia. Ya basta de machismo.

Y es que con cada verdad que gritamos, con cada injusticia que señalamos, debilitamos su poder. Porque sabemos que no basta con indignarse, que hace falta resistir, desafiar y responder. Nos dirán que exageramos y que el machismo ya no existe o que nosotras somos el problema. Ahora respondemos con hechos, con datos y con una determinación imparable. Porque ya no tenemos miedo. Este libro es una prueba más de que no estamos dispuestas a aceptar ni normalizar la violencia.

Cada frase machista que desmontamos es un paso más hacia un mundo igualitario y sin violencia. Donde ninguna de nosotras tenga que volver a gritar: «Ya basta». Porque, para entonces, el mundo será distinto. Lo haremos distinto.

Agradecimientos

Esta parte siempre es la que más me cuesta, a la gente que quiero y que nos sostenemos mutuamente ya saben lo agradecida que estoy. Aprovecho este espacio para dar valor a la importancia de la amistad, de construir vínculos igual de importantes y significativos que los de pareja. Tejer una red de apoyo es algo revolucionario en un mundo tan individualista.

Este libro no existiría sin todas las mujeres de la editorial que han estado detrás: Alba Gort, Cristina Mestre, María Sobrino, Lorena Corona, Sara Fernández. Y muchas más que no han estado en contacto conmigo, pero han aportado su granito de arena.

Me quiero centrar en agradecéroslo a todas las mujeres, especialmente las que estáis leyendo esto. Ser feminista en este sistema es durísimo y muy cansado, pero aquí estamos, luchando sin parar contra toda esta violencia. GRACIAS. Por no rendiros ni tirar la toa la. Las que han compartido sus historias, sus frustraciones, sus preguntas y sus dudas conmigo. Este libro no existiría sin vosotras ni los mensajes que decían: «No sé cómo responder a esto» o «me he quedado bloqueada». Sin todo el apoyo que recibo y sin vuestra fuerza no sería una realidad.

Quiero hacer una especial mención a Gisèle Pélicot. Pienso muchísimo en ella, la he citado un montón de veces en el libro y para mí esta mujer marca un antes y un después en la historia del feminismo. Su fuerza, su valentía y su convicción han logrado darle la vuelta a la tortilla, hacer que el miedo cambie de bando. Conseguir que la vergüenza y la culpa cambien de bando. Ella, sin buscarlo, se ha convertido en una referente para todas las mujeres del mundo.

También quiero mencionar a los hombres (que existen) que leen sobre feminismo, que entienden su rol de aprender, no tomar protagonismo, corregir a sus amigos y no reproducir dinámicas machistas. Vamos, los que realmente se toman en serio este movimiento y no quieren instrumentalizarlo. Gracias, necesitamos que seáis muchos más.

A todas, gracias. Porque cada respuesta, argumento y pregunta nos acerca más al mundo que merecemos. Ya no estamos solas. Ya no estamos calladas. Y ya no tenemos miedo.

Referencias

Quería dedicar este espacio final para hacer recomendaciones, lecturas, series o fuentes de datos para potenciar nuestro pensamiento crítico. Eso no significa que esté el cien por cien de acuerdo con las ideas de estos productos culturales, pero claramente son los que más me han ayudado a crear mi propio criterio.

Lecturas

Alario, Mónica (2021), *Política sexual de la pornografía*, Cátedra.

Álvarez, Henar (2024), *Ansia*, Planeta.

Auffret, Séverine (2020), *La gran historia del feminismo*, Espasa.

Bernal Triviño, Ana (2019), *No manipuléis el feminismo*, Espasa.

De Beauvoir, Simone (2017), *El segundo sexo*, Cátedra.

De Miguel, Ana (2015), *Neoliberalismo sexual*, Cátedra.

— (2022), *Ética para Celia*, Sine Qua Non.

De Pizan, Christine (2024), *La ciudad de las damas*, Siruela.

Dolera, Leticia (2018), *Morder la manzana*, Planeta.

Dworkin, Andrea (1974), *Woman Hating*, E.P. Dutton.

— (2006), *Intercourse*, Basic Books.

El Hachmi, Najat (2019), *Siempre han hablado por nosotras*, Destino.

Federici, Silvia (2010), *Calibán y la bruja*, Traficantes de Sueños.

Firestone, Shulamith (1970), *The Dialectic of Sex*, Bantam Books.

Freijo, María Florencia (2021), *(Mal) educadas*, Temas de Hoy.

Friedan, Betty (2016), *La mística de la feminidad*, Cátedra.

Gómez, Lula (2019), *Eres una caca*, Plan B.

Hooks, Bell (2021), *Todo sobre el amor*, Paidós.

Kolontái, Aleksandra (2017), *El amor y la mujer nueva*, Cienflores.

Lozano, Mabel (2018), *El proxeneta*, Alrevés.

Marroquí, Marina (2023), *Esto no es sexo*, Crossbooks.

Millett, Kate (2017), *Política sexual*, Cátedra.

Missé, Miquel (2020), *A la conquista del cuerpo equivocado*, Egales.

Miyares, Alicia (2021), *Distopías patriarcales*, Cátedra.

Ngozi Adichie, Chimamanda (2015), *Todos deberíamos ser feministas*, Random House.

Pérez de las Heras, Nerea (2019), *Feminismo para torpes*, Martínez Roca.

Satrapi, Marjane (2020), *Persépolis*, Reservoir Gráfica.

Serrano, Beatriz (2023), *El descontento*, Temas de Hoy.

Solnit, Rebecca (2016), *Los hombres me explican cosas*, Capitán Swing.

Sotoca, Helena (2022), *Ni musas ni sumisas*, Bruguera.

Strömquist, Liv (2022), *La sala de los espejos*, Reservoir Gráfica.

Taro, Ángeles (2024), *Exaltadas, locas, modernas*, Bruguera.

Tiganus, Amelia (2021), *La revuelta de las putas*, Sine Qua Non.

Torrón, Cristina (Menstruita) y Salvia, Anna (2024), *El porno NO mola*, Montena.

Torrón, Cristina (Menstruita) y Torrón, Marta (2021), *Tu cuerpo mola*, Montena.

Varela, Nuria (2019), *Feminismo para principiantes*, B de Bolsillo.

Vendetta, Lola (2024), *Más vale Lola que mal acompañada*, Planeta Cómic.

Weil, Simone (2020), *Opresión y libertad*, Página Indómita.

Wolf, Naomi (2020), *El mito de la belleza*, Continta Me Tienes.

Wollstonecraft, Mary (2020), *Vindicación de los derechos de la mujer*, Penguin Clásicos.

Series

Querer, Alauda Ruiz de Azúa (Movistar+).

Podría destuirte, Michaela Coel (HBO Max).

Creedme, Susannah Grant (Netflix).

Vida perfecta, Leticia Dolera (Movistar+).

Big Little Lies, Andrea Arnold (HBO Max).

Little Fires Everywhere, Reese Witherspoon (Amazon Prime).

Pelis

Soy Nevenka, Icíar Bollaín (Netflix).

Mamífera, Liliana Torres (Movistar+).

Casa en llamas, Dani de la Orden (Netflix).

Una joven prometedora, Emerald Fennell (Amazon Prime).

No soy un hombre fácil, Éléonore Pourriat (Netflix).

La boda de Rosa, Icíar Bollaín (RTVE).

Retrato de una mujer en llamas, Céline Sciamma (Amazon Prime).

Fuentes de datos

Feminicidio.net (web).

Macroencuesta de violencia contra la mujer, Ministerio de Igualdad.

Informe sobre delitos contra la libertad sexual, Ministerio de Interior.

Memoria anual de la Fiscalía General del Estado, Fiscalía General del Estado.

Estadística de violencia doméstica y violencia de género (EVDVG), Instituto Nacional de Estadística (INE).

Encuesta europea de violencia de género, Unión Europea.

Dades x Violència x Dones, Barcelona Open Data (web).

Índice europeo de igualdad de género, Instituto Europeo de la Igualdad de Género (EIGE).

Percepción social de la violencia sexual, Delegación del Gobierno contra la Violencia de Género.

Este libro se terminó de imprimir
en el mes de febrero de 2025.